猴面包树

PASCAL

GRANDIR AVEC — FRÉDÉRIC ALLOUCHE

与帕斯卡一起反脆弱性

[法] 弗雷德里克·阿卢什 著　郑园园 译

上海三联书店

致我的父母

目录

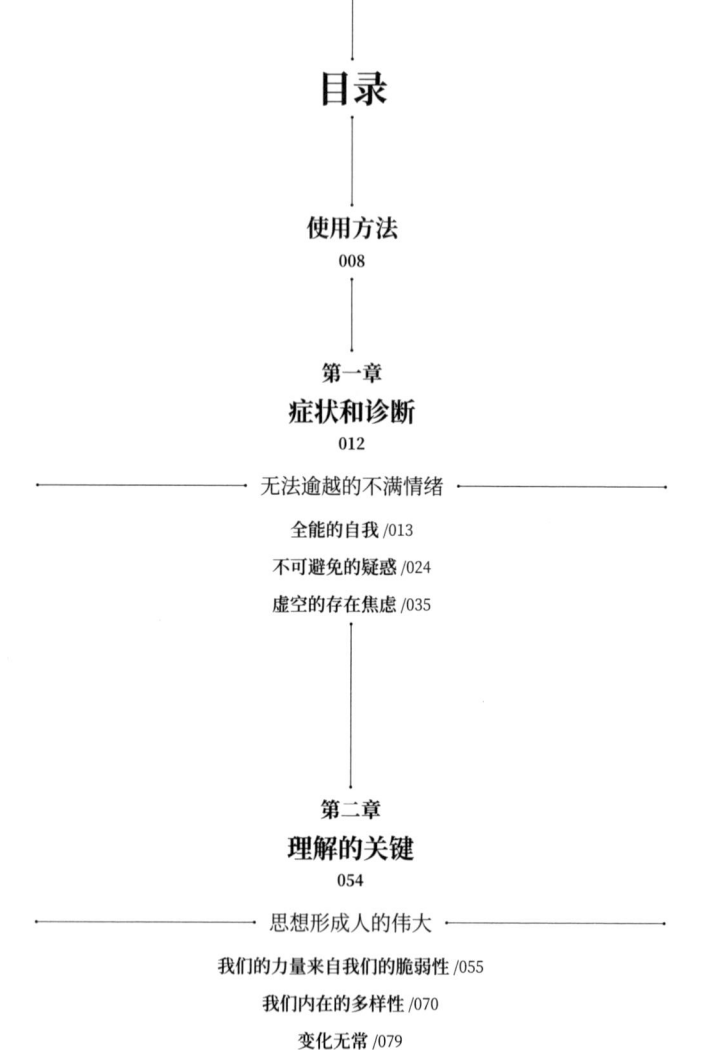

使用方法
008

第一章
症状和诊断
012

——— 无法逾越的不满情绪 ———

全能的自我 /013

不可避免的疑惑 /024

虚空的存在焦虑 /035

第二章
理解的关键
054

——— 思想形成人的伟大 ———

我们的力量来自我们的脆弱性 /055

我们内在的多样性 /070

变化无常 /079

第三章

采取行动的途径
094

——— 顺从感性和理性而成长 ———

在我们的计划中做自己 /095

把赌注押在风险中 /114

获得"背后的想法" /129

第四章

充满存在意义的眼光
152

——— 对永恒的追寻 ———

我们的智力有限 /154

分享的恩典 /173

在十字路口 /186

生平介绍
198

阅读指南
202

使用

方法

本书与其他哲学书不同。一直以来，哲学的目标都是通过让我们了解"自己是谁"来改善我们的存在，但大部分哲学书关心的主要是关于真理的问题，并费尽心力建立理论基础，对实际应用缺乏兴趣。我们则正相反，我们试着从伟大的哲学中找出能够改变我们生活的东西：我们研究日常生活的细节，例如如何看待自己这个存在，以及赋予存在何种意义。

然而，如果不修正自己的理论，我们将很难改变前进的方向。我们值得拥有幸福、满足的生活，但不进行反思，这些不会从天而降。我们努力避免出现"个人成长类"书籍中那些取悦读者、简单粗暴的行动清单。新的行为方式和生活方式总是需要新的思维和构思方式，这样我们就能发现思想的快乐。有时这样的快乐让人心醉神迷，思想本身就已经在改变我们的生活了。

所以，我们邀请读者在质疑自己之前先反思一些概念。我们首先需要确定自己的问题，然后在新理论的帮助下进行解释，最后才能通过具体行动解决问题。只有改变了思考、感受、反应的方式，我们才能够反思涉及范围更广的生命问题及其意义。这就是这个系列的每本书都分成了四大部分，都遵循类似的结构铺陈内容的原因。

第一章　症状和诊断

我们首先确定需要解决的问题：我们正在承受什么痛苦以及什么决定了人类生存的条件？如何才能准确地理解我们的彷徨和想象？找出问题所在，便迈出了解决问题的第一步。

第二章　理解的关键

为了更好地理解问题，哲学再次带来了什么？为了更好地掌控我们的生活，我们必须在哪方面彻底改变自己看待生活的方式？在这部分，我们将向读者介绍选定的哲学家突破性的论点，他的论点能够帮助我们用新的眼光看待自己。

第三章　采取行动的途径

这个新概念将如何改变我们为人处事和生活的方式？如何在日常生活中应用新的哲学理念？行为能改变我们所是，那么思想将如何改变行为？在这部分，读者将得到将哲学知识落实到日常生活中的建议。

第四章　充满存在意义的眼光

在最后这个部分，我们将介绍哲学家更形而上、更具思辨性的论点。如果读者这时已经学会了更好地管理日常生活，那么剩下的就是给自己的经历找到更宽广的意义。前几章教导读者更好地生活的方法和途径，而在最后这个部分，读者将面对终极问题：存在的终极目的论。如果没有对世界以及我们在其中的位置有一个全局、形而上的视野，我们将无法定义终极目的。

本书不仅可用来阅读，更可用来行动。每一章在介绍完哲学家的论点之后，都有关于生活的具体问题。请不要那么被动！卷起袖子行动起来，反思你的经历，诚实地从中找出相关的答案。此外，书中还有一些练习，鼓励你在生活中实践哲学家的教导。同样地，请你努力用适合你的方式，认真地找机会实践这些教导。

你准备好跟我们开始这场旅行了吗？这场旅行可能充满惊喜，可能较为枯燥，可能令人震惊……你准备好了吗？离开自己的安全区，用新方式去思考，再用新方式生活。这场穿越至十七世纪哲学家思想中的旅行，也将带你深入自己的内心。那么，通过一页又一页的文字，通过一个又一个的问题和想法，去探索帕斯卡的思想如何改变你的生活吧！

第一章

症状和诊断

无法逾越的不满情绪

今天，脸书 (Facebook) 的注册用户已超过十亿。在这个面向全世界的社交媒体上，人们不再犹豫，大胆地描述自己的喜好，讲述填满生活的小事件。这样，网络成为展示自我的橱窗，通过在自己或他人的"墙"上留下足迹，"我"在全球的匿名世界中沉浮。自我 (ego) 是王，这是几乎不可避免的现象。矛盾的是，与此同时，性格测试和其他一些夏季盛行的心理测试[1]比比皆是。我们似乎总是在自我肯定，可我们无法定义这个自我。在这样的虚荣心背后，到底隐藏了什么？我们试图避开的焦虑是什么？

全能的自我

如果有一天你有机会去新喀里多尼亚旅行，你一定会遇到卡纳克人，他们会跟你谈论他们的领地、他们自己，并且强调自己的部落或宗族对于他们保持个人的平衡有多重要。离我们更近一点的，如果你只是碰到到处被贬低的罗姆人，你就会发现他们每个人尽管都有区别于他人的名字，但本质上他们用自己所属、由酋长或族长所领导的大

---

[1] 作者指的是夏日假期被旅行者随身携带的杂志中总是有一些心理测试。——译者注

家庭来定义自己。所以,在我们这个星球上的一些地方,人们先用集体身份定义自己,与自己的关系并非从一开始就是与全能的自我建立的关系。在这些地方,集体利益高于个人利益。

我们也知道如何为了他人的利益隐忍,但我们这样做真的是无私的,还是能从中得到些什么?

自爱,不能遗忘自我的记号

当我们做出政治承诺或社会承诺的时候,例如我们成为爱心餐厅[1]的志愿者,我们确实会把别人摆在自己前面,为他人放弃自己的权利。自我的削弱,不是进行约束的结果,恰恰相反,而是自发与他人团结、愿意成为一个整体的意愿。然而,所有以某个主义为名义反抗压迫或出于某个缘由争取权利而发起的斗争,确实能聚集和团结一些人,但有时也可能彻底失败。因为在这些过程中,人们为了某些东西彻底放弃自我,看似真诚,却值得质疑,即便是非常简单的行为,例如与街道上无家可归的人随意交谈,或每年给慈善机构捐款。帕斯卡告诉我们什么?

---

[1] 法国国家认证的公益餐厅协会。——译者注

怜悯不幸的人与欲念之间并不冲突。相反，我们可以很容易拿出这种两者之间友好的证据，获得温厚的名声而不必付出任何代价。

——《思想录》，第452条[1]

自爱让我们无法对自己所做的善行保持沉默，简单地说，我们很难隐瞒一切，表现出对自己的克制，完全不从中收获自己小小的骄傲感。就连我们向慈善机构的捐款都能获得税收减免呢！因此，就算付出很多努力，我们也不可能完全忘记自我，我们很难摆脱自我。帕斯卡指出：

美好的行为被隐藏起来才是最可敬的，当我在历史上看到这样的行为时，深感喜悦。只是，这些行为终究不是全然隐藏的，因为还是被人知道了。不管人们做了多少努力隐藏它们，流露出来的这一点点却破坏了全部，因为这里面最美好的部分，就是把美好行为隐藏起来的意愿。

——《思想录》，第159条

---

[1] 所示数字对应的是1897年莱昂·布伦士维格（Léon Brunschvicg）修订的版本。

虚荣是人类固有的天性

我们的哲学家认为，这种现象并不新鲜，它甚至是人性最深处的一部分。事实上，我们本能的反应就是把自己摆在一切的中心位置，让周围一切围绕着我们这个小小的"我"打转，总是优先考虑自己的利益。因此，我们爱自己多于其他一切，有时甚至不惜通过暴力的形式。自爱虽然以不同的形式出现，表现出来的程度也因人而异，但仍然是一种普遍现象：

> 人的"我"和自爱的本质，就是只爱自己，只考虑自己。
>
> ——《思想录》，第100条

我们这个时代赋予"我"很高的地位，圣化了这个"我"，自我被高歌颂扬，并放置在一切的中心。新科技，不管是脸书还是推特，与此都有很大的关系。无关紧要的日常成为带着伪装的独特性，每时每刻，使之不断壮大。我们每天用推文展示自己的实时反应，对一切发表自己的看法；个人博客数不胜数，每个人展示着自己的热情、自己的创作和自己的小世界。更不用提我们发布在油管或每日影像上的视频，让朋友们借此谈论自己，让自己成为话题的中心，即使视频的内容是乱七八糟的事。自我无处不在，没人能够逃脱它：

> 虚荣是如此深入地扎根于人心，以至于不管是士兵、马弁、厨师，还是脚夫，都可以吹嘘，且拥有自己的崇拜者。就连哲学家也想拥有崇拜者，那些著书反对虚荣的人，因为觉得自己写得好而感到骄傲；读这些书的人希望获得已读的光荣。我在这里写下这些，或许就是出于这样的欲望；而读我的文字的人或许……
>
> ——《思想录》，第150条

当虚荣成为自以为是

让我们环顾四周，仔细倾听。所有人都知道关于所有事情的一切！你的同事可能从未读过一本经济学的书，却能跟你解释当下的经济危机，还会提出解决方案，同时咒骂为何这些愚蠢的政客没有想到这些政策！还有你那位从未出过巴黎的朋友，跟你解释如何解决巴黎近郊的问题，同时质疑那些从国立行政学校毕业的政客治理国家的能力！仔细想一想，真的到处都是这样的人！

实际上,"我"是自身最坚定的观众,在自认为犀利的观点、偏激的评判带来的自我满足感中不断壮大;他确定自己是对的,忽略一切会威胁到自己权威性的质疑,响亮而清晰地宣扬自己认为正确的观点。"我"总有理由站在显眼的位置,毫不犹豫地让自己成为谈论的中心,吹嘘着自己的小功绩,无论这些是多么徒劳。我们必须承认,大多数人都把自己当回事,包括他们躲藏在自己的玩笑后面或假装保持距离的时候,仿佛需要不惜一切代价避开差异和谨慎,以及去承认自己的无知。想一想那些愤世嫉俗、好嘲讽的青少年,像小丑一样嘲笑一切;那些青少年对自己和自己的品位如此自信,随时准备着嘲笑以书本为纲的父母的偏好和习惯,觉得父母什么都不懂。真让人生气,不是吗?那我们就从中学一课——当心我们那全能的自我!小心它的姿态!让我们避免像青少年那样沉溺在夸张的自负中,避免成为自负、愚蠢的漫画人物,换言之,"自大"到了——帕斯卡觉得——近乎荒谬的地步:

我也讨厌小丑和自大的人,我们不会跟这两种人交朋友。

——《思想录》,第30条

当"我"被自负碾压

那些自认为了不起的人让人不快,尤其在只有一点点,甚至根本没有任何自负的资本的情况下!一般来说,自负的行为既没有长期学习作为基础,也不是因为聪明地掌握了某个科目或主题的知识,这样的行为通常只表现出了思想的平庸——固化、古老、最卑微的本能。以至于,只要听听现在那些围绕着失业和贫穷的评论,须臾之间我们就能明白其背后的替罪羊逻辑,它充满了对那些不得不为他人付费的男人女人[1]的暴力,以及报复的欲望。愚蠢总是能轻而易举地破坏同情、宽容或文明本就脆弱的表象。人们迫切地为毫无根据的结论感到自豪,找到中意的罪魁祸首,挥舞着讨伐移民、无能政客或国际金融的旗帜!自认为了不起的人,没有经过严谨的反思,有的只是时下社会的陈腔滥调和"流行"的想法,实际上那纯粹只是人的基本反应和跟从主流的想法。我们可以说他们以普通为荣,而且不知道自己的这些想法其实来自外部,他们只是社会揉捏的产物。在这种情况下,说"我"等于说"我们",因为并没有什么真正个人性的想法,所有的想法都可以在一系

---

[1] 指纳税人。——译者注

列影响中找到源头。关于这一点,我们稍后再详细分析。

那些自认为了不起的人,他们的言论在知道如何识别某一社会环境或社会群体特性的人看来,无法保持一贯的原创性。以此,我们会发现新贵们的新玩物很有意思:他们缺乏品位,只能炫耀自己拥有的奢侈品、名牌物品及与他们类似的人极力推崇的休闲场所。最流行的做法或时尚的旅游景点成了必不可少的参照物,以及或许能获得社会认同的强制性标志。为了不被排挤或被逐出某个群体,夏天必须出现在蔚蓝海岸,冬天必须出现在库尔舍韦勒的下坡雪道上。在他们眼中,工作和休闲都是"了不起"的事,因为绝不能忘记自己,绝不能跟不上当下的潮流,必须得好好安抚那个无法被分散注意力、不能被得罪的"我"。

当虚荣让我们变成小小独裁者

消费型社会让我们持续处于缺乏的状态,也让一些不再接受存在本质的人沮丧不已。"快乐原则"达到顶峰,人们希望立刻得到自己想要的。我们的社会只有一个口号:不能有任何缺乏!不能没有刚刚问世的新产品,不能没有时尚的背包或服装!人们只有一种恐惧:过时!我们的身份建立在所拥有的东西之上,不再与我们的存在、道德素质和学识有关。所以，那么多人自恋到让人不堪忍受的地步，那么多人无法忍耐丝毫的匮乏，那么多人用尽一切代价来满足无法停止的欲望，我们看到也不必惊讶：

> 我的，你的——这些可怜的孩子这么说："这只狗是我的。""阳光下的位置是我的。"人类的争夺就是这样开始的，这就是争夺的画面。
>
> ——《思想录》，第295条

"自我"以捍卫正当权利为名变得专横，使他者成为完全按自己心意操控和揉捏的对象。质疑不是"自我"擅长的事，即便用最糟糕的手段，只要能达到目的，"我"认为就是合理的。最极端的例子就是独裁者为了"拯救国民"建立让人恐惧的制度，将数百万人的死亡当成新时代到来的条件，认为充满血腥的承诺才能建立完美的社会。一些父母也一样，他们认定的东西不容置疑，这样的自信让他们成为"为了孩子好"、充满压迫性的道德家。他们剥夺了孩子所有的闲暇娱乐和与同伴玩耍的权利，只因他们认为这样的牺牲对于将来拥有辉煌的职业成就是有必要的。

在决不妥协的背后，在厚颜无耻的自我中心的背后，隐藏着支配的"天使",因为当事人为了对方的好处不惜代价、不顾一切,却做出恶魔般的事情。若一个国家在集体尊严的驱动下,以其"民主的价值"和/或以自身的经济利益为借口去杀害另一个国家成千上万的公民,我们该如何看待?正如帕斯卡提醒我们的那样:

人类既不是天使,也不是禽兽。但不幸的是想表现为天使的人,却表现出禽兽的样子。

——《思想录》,第358条

因此,我们不会立刻倾听、谨慎行事,承认他人的期待和自由,反而更倾向于采取相反的态度:专注于自己,试图把自己的想法强加在别人身上;与自己抗争,在某个时刻对我们来说可能还不错,但一段时间过后,带来的影响肯定是灾难性的。

关键问题

1. 你觉得你有办法脱离自己,稍微忘记一下自己吗,特别是在做善事的时候?面对"自我",你觉得自己是自由的，还是受其辖制的？问问自己，"自我"对你的影响，你的选择、决定、意图是否受"自我"的影响？

2. 你是那种喜欢刷社交软件、在网上展示生活的人吗？你一般展示什么照片？试图证明什么？试着找出你这样做的动机和原因。这么做对你自己有利还是对别人有利？

3. 你倾向于表现得谦虚还是骄傲？习惯于保留意见还是对任何事情都要发表自己的意见？如果你总是希望在他人面前展示自己，问问自己到底是为什么。你从中能得到怎样的满足感？这样的做法有时难道不是一种自我捉弄吗？在你看来，一个人在什么条件下既可以满足自己，又不让自己显得那么滑稽？

4. 你觉得你的愿望、喜好真的是你自己的吗？如果你的"我"反映的其实是"我们"，你会对自己下什么样的结论呢？你觉得自己总是潮流中的一员吗？在你看来，我们能否保持某种独特性？用什么方法可以做到？

5. 你是否愿意延迟得到某样东西的欲望，还是你总是希望立刻得到？你如何解释自己的这个特点？这样的性格对你有帮助还是给你更大压力？你有时是否为了他人好，也向他人施加这样的压力？问问自己，这样对待他人会带来怎样的后果，也试着问问自己，这样做能给自己带来什么，或让你冒怎样的风险。

不可避免的疑惑

"我"以自我为中心，自私自利，只在意自己的利益。我们总是倾向于优先考虑自己，而不是他人，如果与他人产生了利益冲突，我们就会忽略他人。但另一方面，如果没有他人的注视，我们再如何展示自己也毫无用处。如此说来，支配着我们的思想，驱动着我们的欲望，激励着我们的行动的，正是我们对利益和周围人的关注的追逐。归根结底，这些追逐让我们成了我们，因为我们总是在追寻他人的目光，寻找他人的肯定。

没有他人，"我"什么都不是

我们在社会上的样子完全取决于他人。为了确认是否如自己所想的那样，我们需要别人来定义自己。即使有人对自己看起来单子独立感到自豪，但他也只能在别人承认他如此独立的情况下才能这样评价自我。我们总是在寻求好评、小小的称赞或大肆的赞美，总是注意着自己的形象。我们的虚荣心和自尊心，总是建立在永远不足以让我们满足的认同之上：

> 我们是如此狂妄，以至于我们希望全世界的人都知道我们，甚至希望连我们的后人都知道我们；我们又是如此虚荣，以至于周围五六个人的尊敬就会使我们欢喜、满意。
> ——《思想录》，第148条

正如"我"一个人没有任何意义一样，我们的行为或成就如果没有与外界产生联系，也没有意义。我们以旅行为例，如果我们没有机会谈论它，没有用旅行中的一些轶事抓住听者的好奇心，整个旅行就没有意义了。我们每个人都曾在某一天仪式般地观看家人或朋友假期回来播放的照片或录像的投影，他们无休止地描述旅行的经历，不放过任何一个细节，包括因为行李太重而缴纳机场税、酒店房间的内部陈设，还有所有经历过的冒险的细节描述。如果我们稍加思考，就不难发现这些环节至关重要，只要观察那些"逼迫"我们倾听的人脸上洋溢出的满足感就能够明白，这些分享是跑了数千公里去旅行的主要原因之一！

让我们仔细观察一下游客的行为,他们最关心的事情,通常不是从景点中抓住当下获得的快乐,或摆脱日常,体验新的感觉,而是通过镜头或摄像机捕捉他们回家后就能自豪展示的瞬间。这样看来,如果没有人成为他们的观众,旅行又有什么意义呢?

骄傲——好奇心不过是虚荣。大多数时候,人们之所以想要知道某些事,只是为了能够谈论它们。要是永远不会有谈论的机会,或单纯只是为了观赏的愉快而没有讲述的可能性,我们绝不会来一场大海之旅。

——《思想录》,第152条

这样,我们就能明白为什么我们会谈论自己、自己的成功、自己的计划了。我们有时甚至痴迷于此……

付出一切代价维持自己的形象:我们对自己的幻觉

因此,我们的"自我之王"需要他人,但自我没那么容易被愚弄,我们能够意识到自己表现出来的样子与真实的自我之间的差异。我们确实很容易玩一种游戏:通过在日常生活中书写我们的"小冒险",展现出自己好的一面,正面地谈论自己，突显自己的优点（有时候甚至不惜捏造这些优点）。总之，我们装模作样：

> 我们不肯满足于我们内在的、原本存在的生命，我们试图活出他人眼中或想象出来的理想生命，我们努力地呈现那样的生命。
>
> ——《思想录》，第147条

让我们想一下恋爱关系刚确立的那些时刻，恋人们被彼此吸引的那些时刻。人们为了不让对方失望，尽一切努力并采取策略，让自己看起来很优秀，不惜一切代价避免失误。就像在问答比赛中一样，目标是避免做蠢事、做笨拙的小动作、有过度的反应或说过多的言词。换言之，我们为了避免让对方看到我们的缺点，而与自己交战。

因为"我"是一个总想取悦观众的"演员"，不惜欺骗观众，甚至试图欺骗自己；"我"总是不断努力去吸引他人，获得关于自己的积极反馈。因为必须通过维持自己的形象来取悦他人，所以"我"必须"故意制造幻觉"，必须采取遮掩自己缺陷的策略，尽管这需要冒着风险猛烈反击那些头脑清晰、提醒"我"的人。"我"甚至会充满恶意、毫不犹豫地揭露他人的缺点，只为自己得到认同，拥有更好的形象：

> 毫无疑问，充满缺点是件坏事；但充满缺点又不愿意承认是更坏的事，因为在充满缺点之上还加上了故意制造幻觉这一缺点。我们不希望别人欺骗我们；别人希望获得比他们本身应得更多的认可，我们会觉得这是不公平的。那么，我们欺骗他们，希望获得比我们本身所是的更多的认可，也是不公平的。
>
> ——《思想录》，第100条

面具脱落的时刻

我们的自尊心就是这样毒害着我们与自己的关系，并把我们与他人的关系变成傻瓜游戏，在游戏中每个人都在制造幻觉。这些幻觉沉重地压在我们肩头，我们无法永远承担下去。想一想我们在家庭中被赋予的角色，我们可能被看作不管什么事总是能够成功或总是失败的人，因此痛苦不堪。虽然我们知道这些看法完全错误，至少过于简化，但我们还是会去扮演这些角色。直到某一天，我们再也无法坚持了，在某次家庭聚餐中，我们彻底爆发，用真相给所有人一个当头棒喝。我们内心住着一个"天使"和一个

"禽兽",有着光明的一面,还有更黑暗的一面;我们的内心仿佛是两张面孔交战的场所——一张高贵的脸,一张可怜的脸,那也是内在矛盾的总和。

就这样,我们的"自我"每天都在努力抵抗自己瞥见的东西,即我们的局限、恐惧及所有自己宁愿对其保持沉默的一切。但不管是对他人而言,还是对自己而言,这些不可言说的小秘密总有一天会被发现。我们或许已经抵抗了很久,直到某个幻觉无法再起作用的时刻,直到"自我"在过于强烈的自欺的重压下步履蹒跚而崩溃。然后我们感到自己被贬低,毫无价值,所经历的不过是一连串的失败,我们终将一事无成。我们的两面性就是这样把我们从坚强、精神焕发的表象带到另一个极端:

人的两面性是如此明显,以至于有人认为我们拥有两个灵魂。单独一个灵魂在这些人看来无法做到两面性,内心不可能突然从极端的自命不凡摆荡到彻底的灰心丧气。

——《思想录》,第417条

生活经常把我们打倒在地。我们都经历过疑惑的时刻,例如:我们觉得把工作上能做的所有事情都做遍了,接下来除了日复一日地例行公事之外没有任何前景,因此产生了工作倦怠导致的危机时段;与爱人在一起生活了许多年之后,突然分开了,生活的这种变动给我们带来沉重的打击;我们有非常多的计划,努力改变现状,对一切都非常积极,浑身充满动力,却突然发现自己得了重病,我们既惊慌又迷茫,跌落在地,一下子不知道自己在哪里,好像不再认识自己了。我们不仅深陷谷底,也看不到任何出口或打开的门,能让我们不再深陷永不满足的不幸之中。

"我",是个空想……

这些让我们充满疑惑、困难重重的时刻,也是提出问题的时刻,这些问题关于我们的生命,而我们至今一直在逃避。在面具的后面,我们到底是什么?在别人看不见的地方,存在到底是什么?这个"我"到底是什么?我们的帕斯卡是第一个把"我"定义为实体我的哲学家,以便更好地分析和解构。简言之,我们是谁?这些问题是《思想录》的核心,帕斯卡毫不含糊地回答了这些问题:

"我"是什么?

一个男人站在窗口看着行人,如果我从那里经过,我可以说他在那里是为了看我吗?不能,因为他并没有特别想到我。那么一个人因为对方的外貌而爱上了他,是在爱他吗?不是,因为如果他得了天花——天花能夺走一个人的美貌,却不一定夺走他的性命——这个人就不再爱他了。

如果人们因为我的判断、我的记忆而爱我,他们是在爱我吗?不,因为我可以失去这些优点,却不会丧失我本身。既然"我"不在身体里,也不在灵魂中,那么这个"我"在哪里呢?优点是会失去的,所以不能构成"我",可如果不是因为这些优点,我们又如何去爱身体或灵魂?难道我们可以抽象地去爱一个人的灵魂实体和其中某些优点吗?这是不可能的,也是不公平的。所以,我们从来不是在爱人,只是爱一个人的优点罢了。

所以,让我们不要再嘲笑那些由于地位和职务而受人尊重的人了!因为若不是那些"不自然"的优点,我们不会爱任何人!

——《思想录》,第323条

因此,拥有一个身体,并不能证明我们的"我"是独特的,是与他人不同的,因为他人也有身体。至于美貌,当我们的容颜随着时间的流逝失去魅力时,我们显然会继续说"我";而现在我们如果一定要提到品德——我们无可指摘的诚实或我们的慷慨,那么也必须承认这些品德不能定义我们的"我",因为即便这些美德从我们身上消失或转变为恶,"我"仍然存在。同样,我们的智力也并非个人特有,其他人也拥有智力,何况时间、衰老也会不断考验我们的智力。

我们也不可能越过我们的能力、才华而抽象地谈论自己,并期望别人尊重或爱我们,这是说不通的。如果一个人的美德、才能让他有了价值,我们不可能爱这个人却忽略这些;即便有这样的可能性,这样的爱也是不公平的,因为爱一个抽象的对象,即被剥去优点或缺点(可爱的或令人不悦的,蛮横的或充满善意的)的"我",相当于把完全相反的两个人相提并论。就像我们把皮诺切特和缅甸诺贝尔和平奖获得者昂山素季相提并论一样。我们可以得出结论:"我",这个我们的中心,这个能够把我们与他人完全区别开来的内在的先验实体,只不过是海市蜃楼,是一个简单的形象,即虚无。

我们的自我的虚空

这样,当我们的思想试图深入了解自己的时候,就会迷失在无限之中。我们的"我"不是什么"实在"的东西，是没有任何理性可识别的非物质实体，正如笛卡儿在他的《第一哲学沉思录》(*Méditations métaphysiques*)里说的那样："我思故我在"未揭露任何东西，至少肯定没有说出关于我们真实、独特的"我"的真相。然而，我们的"我"是一种形象，也就是说，是我们的想象的纯粹产物，不管是对我们自己而言，还是对他人而言，都是如此：我们从不欣赏它的本体，即"我"本身，我们欣赏的是它表现出来的样子。我们的身份经常简化为持续时间或长或短的品格，因此或多或少总会是肤浅的、多变的。由于某些我们不知道的原因，我们"友善"的同事可能一夜之间就变得不再那么友善；这位无可指摘的同事，可以因为某件可耻的交易成为晚间新闻的头条，然后再经过几年牢狱改造后改头换面。

最终，我们是拥有不断变化的表象的组合体，是一个建构起来的物体或一系列外在包装。当我们更仔细地审视自我，接受关于我们自己清晰的反馈时，这个有时让我们如此自豪的"我"最终不过是由能力和才干组成的形象，向虚无、深不可测的某个东西和虚空开放。现在，我们需要试着更好地去理解"我"背后的这种虚空，学会识别与之相关的症状。

关键问题

1. 你总是先为自己做事，还是总会先考虑他人？你是否觉得自己是一名不断寻求观众认可的"演员"？你现在才意识到自己是这样的，还是你早就发现了，这只是再一次的确认？这样的发现让你备受安慰还是尴尬不已？

2. 你是否总是不想辜负别人对你的期望，即便知道对方期待的你的样子并不是真实的你？如果你的回答是肯定的，你是否经常觉得自己如履薄冰？最终，你可以从这样的关系中得到什么？你需要付出什么样的代价？

3. 你是否经历过面具脱落的时刻？你是否曾经情非所愿地表现出最真实的自己，然后再也无法欺骗别人或自己了？这样的事件对你来说是一场灾难、一个创伤吗？

4. 你是否曾经怀疑过自己？除了你的优点、形象之外，你是谁？你能想象在这一切的背后是虚空吗？面对这样的虚空，你觉得无所谓，还是相反，觉得眩晕不已？

虚空的存在焦虑

突然变得一无所有，这对于自恃高过一切的"我"来说无疑是当头一棒。"我"迷失在无尽的世界中，现在又迷失在自己的内心中，是那么迷茫、失落。在微妙、难以忍受的处境中，我们可以明白自己为什么躲在挡住视线的城墙后面看不见悬崖，为什么要制造由注定会消失的元素组成的空想的"我"。帕斯卡哲学的优势就在于它让我们明白，自己的身份，即所有让我们自豪、成功的东西，其实是我们策略性逃避的结果，是我们刻意逃避虚空的结果——我们的一生都围绕着虚空展开。我们宁愿把目光投向别处，远离让我们恐惧和不安的事，转移注意力，也不愿注视我们那复杂、难以理解的存在。

为摆脱无聊而消遣

对帕斯卡而言，消遣并不意味着玩得开心，充分享受工作或其他限制之外填补虚空的空闲时间；消遣包含了我们所有的愿望、所有的欲望和所有搅动我们内心并塑造生活形态的事情。所以，与我们的想象恰恰相反，一对年轻恋人决定组建家庭，为了存钱而努力工作，买房子，之后不时带孩子去度假……这些就是消遣！顶级运动员为了有最好的表现而牺牲休息时间，每天刻苦训练，也是在消遣。至于那些无须工作的人，他们每天投身于帮助穷人的事业，支持弱势群体或探访囚犯，也是在消遣。

事实上，当我们仔细观察自己的时候，就会明白：所有人都有一个共同规则，就是逃避帕斯卡称之为"无聊"的虚空感，逃避困惑、忧郁，总之就是关于我们自己，不要想太多。

> 无聊——对一个人来说，没什么比彻底的无所事事更令人无法忍受——没有热情、没有实务、没有娱乐、没有实作。这时，他感受到自己的虚无、放弃、不足、依赖、无能、虚空。从他的灵魂深处，无聊、黑暗、伤心、忧郁、绝望全都跑出来了。
>
> ——《思想录》，第131条

这就是为什么在整个生命中，我们都疯狂地投入各种各样的活动中，用"填补虚空"的活动麻痹自己，试图忘记自己什么都不是——这是一个令人心碎的真相，能够撕开看起来无懈可击的"自我"的表象。

迷失在过去、现在和未来之间

结束一段恋情的时候,我们的生活似乎会在突然间变得一无所有。我们会发现自己很孤单,第一反应往往是沉溺于过去,寻找应该做的事情来避免失恋的折磨,从而逃避当下的痛苦。我们在绝望中等待着未来——痛苦终将消失的那一刻。

如果每个人都能查看自己的思想,就会发现其中充斥着过去和未来。我们几乎不考虑现在,即使考虑,也只是借现在的光照亮未来。现在永远不是我们的目的所在,过去和现在只是我们的手段,只有未来是我们的目的。这样看起来,我们从来不是活着,而只是希望活着;既然我们永远都在准备着活得幸福,那么我们永远都不幸福也就不可避免了。

——《思想录》,第172条

现在我们知道,为什么我们活在当下,活在生命的此刻中,停留在与自己平静的关系里会这么困难,因为随着生活的各种变化,虚空不断出现,不断压垮我们。我们选择逃离当下,可当下是唯一存在的时间,因为过去已不复存在，未来尚未到来。我们用想象力作为武器逃离当下，在不存在的事物、不真实的过去及虚拟的未来中发展。

过去的陷阱

过去总是把我们吸引过去，我们假装过去仍然在那里，很难承认过去已经永远过去了。我们被怀旧的情绪诱惑着与过去共存，甚至把自己关在一个封闭的空间里，仿佛过去仍然是现在时。这是因为时间过得太快，我们无法承认：例如全家人的聚会已经结束了，分离的时间到了，现在我们只能去回忆这场聚会。同样地，如果我们喜欢体育，可能连着好几周憧憬着一年当中的重大赛事，期待全球体育迷共同关注的球赛或奥林匹克运动会的盛况，然而赛事一闪而过，马上就成了过去的一部分，生活重归平静，甚至略带忧郁，连朋友相聚带着遗憾继续谈论这些赛事的时刻都过得太快。

这样的过去坚持不懈地"陪伴"着我们，这是一个陷阱，阻止我们遗忘，并把过去翻页，以新的眼光看待自己和他人。在这种情况下，过去紧握着怨恨、挫折、误解，让我们无法把注意力转移到其他事物、其他感受、与他人不同的关系上，从而毁了我们的当下。

稍纵即逝的当下

当下让我们不安,让我们沮丧,因为我们从未觉得当下让我们满足。当我们有机会享受快乐的时光时,总是担心这些时刻必然会消失,总想找到维持快乐的方法,而这已经破坏了当下的快乐。某个特别时刻的喜悦,例如情人间单独相处、远离一切享受浪漫晚餐,只要想着怎么让喜悦持续下去,以便逃脱必然会过去的命运,并以永恒的形态出现,这些时刻就已经有点被破坏了。我们展望未来,希望快乐永存,就不是在真正享受快乐了!我们竭尽全力让自己活在当下,享受当下,那么希望永远快乐,然而我们永远无法逃开一切,包括我们自己都会成为过去的悲剧性现实:

消逝——感受到我们所拥有的一切终将消逝,是一件可怕的事。

——《思想录》,第212条

我们多么希望与最好朋友的这场聚会能按照我们的意愿不断延续下去,充满欢笑、在一起无忧无虑的友情可以永远持续下去。然而,我们知道聚会的最后几个小时通常会很难度过，我们很难享受最后的时刻直到结束，我们甚至会用过去时态说话："过去这几个小时实在太棒了！"即使在阅读、散步或干脆什么都不做的这些简单、快乐的时刻，也可能会在开始一段时间之后因为后面要做的事或日常生活中的必需事务以及一系列限制、麻烦或烦恼而被破坏。我们当下的小确幸就这样彻底归于虚无，因为生命本身的特性以及正常进行的过程，这一切都必将消失。

对未来的幻想

时光飞逝，我们所做的一切都是为了快乐，所以我们自然而然投身于未来。从不满或不开心的当下出发，我们通过相信终有一天会得到满足的喜悦来消遣。而我们困惑的，仅仅是如何在充斥各种心理医生或来自世界各地代表异域智慧的智者、效果神奇的电视节目中进行选择；我们发现了某些所谓的"新大师"对人们的吸引力和破坏力，人们以为自己在追寻更大的幸福、愿意被引导或摧毁，相信终有一天会找到救赎，这简直就像一个笑话。他们在想象中把未来的幸福押在指南书里，如同我们在欲望、深切的渴望和狂野的梦想地平线上看到了幸福。我们怨恨时间太慢，总是不耐烦地计算着几周或几天之后才放假，我们一辈子工作、储蓄可就是为了环游世界啊！我们总是迫不及待去探索在明信片上看起来如此完美的景色，去参观那些具有标志性意义的城市，以及那些带着神话般神秘色彩的历史遗迹。可到了现场之后，我们又无法满足于当下的一切，必然再一次失望，然后认为在假设中的未来才有幸福。我们否认存在的当下，宁愿选择在幻想中期待，仿佛计划已经存在了，且不会受变幻莫测的未来影响。

换言之，我们费尽心机，却总是依据绝不会存在的未来在当下采取行动；我们在虚空中搭建自己的生活，在计谋中迷失了自己；我们详细研究了所有可能抵达未来的方案，但这个未来总是会从我们手中溜走。我们越过现在，总是在担心，为得到根本无法得到的东西思虑过多。只有虚幻的未来才是我们的世界，我们永远学不会从反复的幻灭中吸取教训，反而拒绝接受已经到来的失望，持续不断地想象在或近或远的未来过着幸福生活。例如，如果没有遇到灵魂伴侣，我们总是倾向于去想象有上百万像我们一样的单身人士，想象明天我们会遇到真正的爱情，正如我们认为自己明天会克服对承诺的恐惧，放弃没有任何风险、舒适的单身生活。我们展望未来，认为其必将不负自己殷切的期望；明明是当下，我们却躲在充满期待的未来里。

最终，我们生活在过去和未来，逃避当下；我们在时间中迷失了自我，生活在幻想中，像在做梦一样。既然我们注定脱离当下，大部分时间生活在过去或将来，我们怎么可能幸福呢？消遣似乎也是徒劳的，因为我们跟着"不可能"疲于奔命，没有人能逃脱：

大自然总是使我们在一切状态之中都不幸，而我们的愿望为我们勾勒出幸福的状态，因为它在我们所处的状态之上又增加了我们没有处于其中的那种状态带来的快乐；可当我们得到这种快乐时，我们也不会因此就幸福，因为我们还会有适应这种新状态的其他愿望。

——《思想录》，第109条后半部分

终极的虚空：对死亡的恐惧

面对藏匿在我们内心深处的无限虚空，我们持续主动地远离当下、追求幸福。让我们不要忘记：我们不仅通过外在表现向自己和他人隐藏缺陷、弱点和羞耻感，还竭尽全力逃避我们这个谜一般存在的深层焦虑。当下与自我的关系带来的麻烦能让我们意识到我们不是什么和我们希望成为什么样子，也能让一些根本性的却可能永远没有答案的问题浮现出来。我们认为当下本身有些非常可怕的地方，因为它让我们处于持续不满足、在理论上先验地无法超越的状态，也让我们意识到自己的死亡。

万物都只有一次生命，我们也不例外。我们竭尽全力转移注意力去看别的事物，而不看我们的现实状况，即我们死亡的虚无，死亡贯穿着我们生命中的每一部分。死亡并非在未来等待着我们，而是在现在的每一刻。海德格尔说："人一出生，就已经到了可以死的年龄。"死亡确实无处不在：在电影里，在电视连续剧里，在专门描述耸人听闻的社会轶事的报道中，在画面令人震惊的电子游戏中——游戏中的挑战是拿起武器开始大屠杀，随心所欲地避免这场虚拟死亡；但现实中，死亡却是永久的威胁，笼罩在我们头顶。在这种情况下，活在当下可能让人感到焦虑、恐惧，因为这让我们袒露最真实的面目去面对自己的情况：

> 并不需要多高明的灵魂都能理解：在这里没有真正且牢固的满足，我们所有的快乐不过是虚空，我们的痛苦无穷无尽；而且最后还有死亡，时时刻刻威胁着我们的死亡，在若干年内必然会带我们进入可怕的结局，即永恒的虚空

或不幸。没什么比这更真实、更可怕的事了。即使我们能像自己所期待的那样英勇，等待着这个世界上最美妙的生命的归宿只能是如此。

——《思想录》，第194条

为了避免确定的死亡结局，"自我"宁愿逃跑，掉头看向别处，对生命说"不"。

自认为已经有了答案去寻找问题

"我觉得自己很空虚""我觉得做任何事情都没意思""我不知道怎样让自己的生命有意义""没有任何事情符合我的期待"……这些感受或陈述，通常是在我们遭受沉重打击时说的，甚至可能是在表面上一切都很好的时候毫无理由地出现的。我们并不总是能够理解这些反应的意义，但我们会突然迫切感受到不再需要想着如何转移注意力或专注于外在的事情，哪怕这意味着我们可能会有更多忧虑或陷入非常困难的处境。多少夫妻为了鸡毛蒜皮的事情吵架：某件物品放错了地方，忘了买某个东西……原本无害的反应却突然让关系失去了平衡。虽然没有真正导致吵架或争论的原因，但气氛突然变得紧张。为了防止没问题可吵的死寂，问题变得非常必要，鸡毛蒜皮的事情在这种情况下便拥有了重要性和意义。我们知道，当我们真正受到某些事情束缚的时候，不会发生这种情况；当我们面临真正的危险或麻烦的时候，这些争吵显得如此微不足道。是的，矛盾只有在一切都很顺利的时候、在我们难以忍受平静的时候，才会出现：

> 凡是自然而然感受其自身状况的人，逃避什么事都比不上逃避安宁；所以他们为了寻找麻烦，什么都做得出来。
> ——《思想录》，第139条

我们都在这样的处境中——与突然出现的虚空做斗争，这虚空如同一阵忧郁袭来，让"我"动摇，巨大的悲伤趁虚而入。此时的我们全然失去韧性，陷入不断转圈的麻烦之中，不再知道该做什么，苦思冥想也只是徒劳。仿佛我们超越了自己每天在这个社会中上演、现在却不再有效的戏剧，超越了我们一直以来扮演着、现在却不再能够担任的角色，我们正在面对自己的真相。我们不想再做别人眼中自信的男人、善良的女人，或永远能够很好地给予孩子建议的父母。我们的认真变得可笑，我们明白了自我总是过度表现的原因——深不见底的缺乏和深不可测的脆弱，我们的自我只不过是它自己的影子。我们所有人都毫无例外地试过欺骗自己，就在我们面对生命最基本的谜团，如不幸福、低落或在不同时刻出现的抑郁症的时候。确切地说，低气压[1]在气象学家眼中是一种气候现象，由低气压、搅动的锋面和强风（有时会变成气旋）环绕的中心组成。抑郁症作为一种心理疾病，就像虹吸设备，吸走人所有的意识、生命的能量，让人成为虚无，有时甚至走向自杀。这是个极端的例子，但能够启发我们，我们同样生活在这种原初的痛苦悲剧中，或多或少，我们都在试着超越那样的痛苦。

宁愿要暴力，也不要虚空……

我们知道我们的"我"只是个形象，只是用"借来的品质"拼凑而成的整体，只有在他人重视、被他人注视的时候才有意义。我们知道我们所处的时代——至少在法国经常被描述成集体抑郁的时代，其根本象征就是自我迷恋，因为欲望未被满足且经常受挫而失落。沮丧、虚空无处不

---

[1] "dépression"法语中有下陷、抑郁、低气压、萧条等意思，作者在这里就是使用了这个词的两个意思：抑郁、低气压。——译者注

在，每天都有更多的人加入该行列中。我们可以想一想情感上的虚空——单身男女拼命寻找爱人，他们难以承认自己的处境，把个人资料放到互联网上推销自己，在谈论这件事的时候羞耻不已；我们也可以看到那么多人感受到孤独、被遗弃，缺乏与他人的联系，其中有老年人，也有年轻人。统计数据显示，这一代年轻人越来越迷失了方向。

可以说，虚空和沮丧会带来受害者。如果它们激起了羡慕并助长了嫉妒，或有时候让人产生控制他人的想法，那么将导致暴力或欺凌。这样做，不是为了自己获得好处去折磨他人，而是通过惩罚来补偿自己的怨恨，通过羞辱来获得恶性的快乐或不正当的满足。老实说，难道你从未迁怒于其他人吗？被贬低、顺从的受害者的痛苦和艰难，远不能让"刽子手"平静下来或博得他的同情，只会让他更愤怒，强化他的暴力行为，因为对方的痛苦和艰难反射了他自己：他有限的认知和内在的虚无，其实总是更难去承受的。因此，我们会屈服在强大的存在面前，也无须对软弱的存在总是一次又一次被践踏感到惊讶。结果，孩子成为父母发泄怒气、言语贬低、威胁或情感勒索的对象，这些行为让孩子与父母疏远，甚至把孩子推向最糟糕的处境。如果孩子一直是他人的猎物、他人强迫症或精神疾病的发泄对象，当有一天病态的关系锁链断开，他必须面对自己的时候，他将体验到一种深刻的虚空，一种他从未体验过的感觉；是啊，他多年来与有强烈占有欲的母亲或专制的父亲生活在一起，从未让真正的自我成长起来。

"我"是可恨的。简言之，"我"有双重性质：就它是一切的中心而言，它本身是不公正的；就它总是想奴役其他人而言，它是不利于他人的。每个"我"都是敌人，都想成为其他一切人的暴君。你可以消除它不利的一面，却无法消除它的不公正性。

——《思想录》，第455条

另一方面，面对像达那伊得斯(les Danaïdes)那样幸福不断流走的虚空、永远无法获得的宁静，人们感到厌倦，且厌倦会转化成苦涩，搅动着令人窒息的关系。例如，好友找我们谈心，抱怨不停，占据我们的时间不肯放手，以他/她的失败为借口任性而为，耗尽我们的精力和活力。爱情熄灭了的婚姻生活也容易以这样的方式出现冲突局面：多年的共同生活让我们走到了彼此微笑、心灵契合的尽头，我们的生活非常无聊，关系冷淡了，却没有消除贬低配偶这种不正当的快乐。我们反复用话语侮辱对方，最终双方共有的对于死亡的焦虑转化成摧毁彼此的病态消遣。

宁愿笑，也不要暴力……

可是，现在难道不是过节的时候吗？今天，我们可以以任何理由过节，但这些节日对于无法过节的人来说就是一场噩梦。父亲节或母亲节凸显父母的缺席或对已逝亲人的想念，圣诞节让独自生活的人更加孤独，情人节揭开无法享受单身生活的人的伤疤。对于一个失业的人来说，劳动节强化了他被社会边缘化的感觉，这一天是他感受到生命没有前途、生活虚空的一天。没有社交关系的虚空更加令人难以忍受，因为这种情况下人们只能在家里、社区或楼梯间打转。更令人绝望的是，这个节日加深了被体制和经济危机排挤在一边的人被社会抛弃的感受。

如果说暴力是为了抵挡虚空带来的焦虑，那么笑是另一种回应方式。笑通过保持一段有趣的距离和一句超脱的讽刺，有效地减轻了我们内心沉重的疑虑和不满足。在帕斯卡的时代——我们稍后会再谈到，笑是绅士风范不可或缺的盔甲，是道德尊贵、优雅的标志。比起某些以自我为中心、不断重复、做给别人看的哀伤，人们更喜欢令人发笑、毫不掩饰的丢脸行为，这是最先使用的防御形式，是用来对付今天这些快乐掘墓者哀哀戚戚最好的武器，这些掘墓者就是如某些以信息填补虚空、以营销策略作为娱乐的媒体。无趣且令人焦虑的新闻、愚蠢至极的游戏节目或真人秀，所有这些都让我们相信收视率能够改变意识中的虚空，它们系统性地破坏了批判精神和创造性想象力的觉醒。最好笑一笑，鼓起勇气关掉电视机或收音机。

我们注意到喜剧演员在现实中经常是严肃、焦虑的人。我们没有理由怀疑这一点，因为幽默让我们聚焦于我们的失败和局限，以及崩溃的自我所感知到的虚空。笑，源于我们敏锐地意识到了自己的弱点及所有的笨拙，并试图在别人面前隐藏起来。例如，它出现在笨拙、自夸的场景中，有时能让我们转向自己，正如帕斯卡在《致外省人信札》(Les Provinciales) 中对耶稣会士或任何从不缺少良好建议、在道德上做些小妥协的信仰者所做的那样，这群人被自己的欲望、兴趣，甚至恶念及美好的说辞所裹挟，而这些说辞总是基于伟大的原则：

  所以，我的神父们啊，你们看到了吧，有时嘲笑更能让人们从错误中回转过来，所以嘲笑是正义的行动。正如耶利米所说："犯错的人的行为因为虚空理当成为笑柄：虚荣和荒谬。"[1]

因此，当事情变得糟糕，我们不再有欲望、动力的时候，我们不应该感到内疚。没有比这更人性的事了，所以也没有什么比这更正常的了……

关键问题

1. 孩子在感到无聊的时候会说自己不知道该做什么好。你曾经无聊过吗？在哪些时候无聊过？你当时的感受如何？你能明白你的职业、所有的活动，甚至自己热衷的事情，都只是为了让你摆脱无聊吗？

2. 你与过去有什么关系？你更愿意躲在过去中吗？尝试去分析这样的过去如何影响你的思维方式、生活方式，以及如何过分地影响你的现在。

3. 你能充分享受现在吗？你是否为现在必然会消

---

[1] Pascal, *Les Provinciales*, Paris, Gallimard, *Folio Essai*, 1987, *Onzième lettre*, p. 174.

逝而感到痛苦？你是否曾经想过用一些方式让自己驻足当下，享受此刻带来的快乐？

4. 在你的想象中，幸福是什么样的？问问自己如何描绘幸福及其与现实的关系。试着去思考这个完美的幸福景象对你当下的影响，以及它可能会带来的缺乏的感觉。如果这个幸福画面只是美化过的画面，也请问问你自己，如果你的愿望得到满足，不满是否会消失。

5. 死亡对你来说是虚构的、不真实的，还是你有时真的会思考它？想到死亡，你会感受到无法承受的焦虑，还是会借此回归自我、回到核心，并以新的眼光看待人生剩余的时间？

6. 你是否曾经无缘无故、毫无理由地生气，或为了鸡毛蒜皮的事情激动？你是否经常用这些难以理解的情绪波动来填补缺乏、挫折、虚空？你可以问自己一个问题：面对痛苦，除了种下同样的痛苦收获同样的痛苦之外，是否还有别的方法？

7. 我们所有人都容易受不同形式的幽默的影响。你考虑过它们的相同之处吗？难道不是所有人都认为笑是一个角色扮演游戏吗？在这个游戏中，意想不到的人、事、物暴露了我们的局限和弱点，它们难道不是我们本性中脆弱的晴雨表吗？太过认真地展现自我，难道不是让人发笑的最佳方式吗？

第二章

理解的关键

思想形成人的伟大

在束手无策的情况下，我们可能会感到无能为力。抗争又有什么用？我们是否只能在不可避免的无聊中看到坏的一面？恰恰相反，这些时刻或许对我们帮助很大，因为它们能够让我们对自己，对我们的生活以及我们希望给予它的方向重新进行评估。实际上，我们经常不由自主地被习惯和习俗牵着走，让它们塑造、构建我们这个存在的思考方式或行为模式，但它们不一定真的对应我们最深层的渴望，或真的能让我们感到快乐。所以，我们要敢于重新开始，承认思考的价值，为了成为最好的自己而接受我们的脆弱性——即使这很矛盾。我们越是认为自己强大，其实就越是弱小；通过思考我们内在的虚无，虚无给我们带来的无限潜力，我们从中可以获得的一切，我们就能赢得一切。我们是一切，也是一切的对立面，所以为什么要抱怨呢？让我们来学习帕斯卡，以矛盾性为游戏，并从游戏中获益。

我们的力量来自我们的脆弱性

我们的社会奉行的是永远表现出不屈不挠的精神，让人看到我们的生活非常适合自己，与同事、朋友或家人相处时总是那么快乐。所以，我们很担心有时候事情没有那么好，因为在这些时候，我们不再符合我们在社会中所表现出来的"我"，也未达到我们对自己的要求和所期望的高度。我们甚至为痛苦本身感到痛苦，为自己表里不一，缺乏代表着幸福、充满光明的平静而感到内疚。可是，如果我们不花时间去思考、去反思，而是把精力浪费在不断重复不符合我们的生活模式中，又怎能找到幸福？

无聊作为觉醒的途径

实际上，我们之所以痛苦，是因为事情看起来没那么好，是因为我们对于在自己内心深处翻滚的恶的无知，以及不知道用什么方法去面对这种恶。我们不应该为这些反复出现的低落，为表现出内心深处的不堪，为无聊和虚空而感到羞耻，因为我们无能为力："驱逐天性，它奔跑而归。"相反，我们应该接受这些情况并赋予其新的意义，不再内疚，刻意去接受那些能够帮助我们生活得更好的一切。

对于虚空和"可悲"的恐惧迫使我们过于频繁、不断地找事情做，就像玩游戏以避免自己无聊的孩子一样。当下，休闲娱乐行业的发展如此疯狂，使我们越来越难有安静和被治愈的空间。我们的社会毫不犹豫地通过各种各样的活动来展示对于儿童的重视：花一整个下午的时间让他们从一棵树爬到另一棵树，花一大笔钱给他们在橡树上盖一座树屋，允许他们在野战游戏中用枪把彩弹发射到同伴身上。

可悲——唯一能够在我们的可悲中安慰我们的就是消遣，只是，这是我们最可悲的地方。这样的安慰是让我们对自己、对让我们如此麻木迷失的东西失去思考能力的主要原因。没有消遣，我们就会陷入无聊，而这种无聊就会推动我们去寻找一种更牢靠的解脱办法。可消遣却让我们开心，让我们不知不觉地走向死亡。

——《思想录》，第139条

所以，站在帕斯卡的角度上，我们必须停止麻痹自己。接受无聊，意味着勇于直面自己，敢于直视在坦诚面对自己时所感受到的如临深渊般的片刻晕眩。在不如意却毫无办法的时候，接受自己正迷失方向，接受自己的脆弱，接受自己无法抗争，学会放松，休息片刻。正如一些"清空自我"的冥想技巧能够让我们释放日常生活的压力，把无聊和忧虑暂时搁置一边一样，我们也可以对腐化、痛击我们的躁动说"不",敢于让自己静下心来,即便可能坚持不了多久,复盘一下。我们在独处中看到个人成长,首先就是知道如何把自己从蚂蚁王国般运转的社会机制中抽离出来;其次是花时间远离家庭的压力,抛开日常事务或摆脱安排好的行程的限制;最终进入令人难以承受却无法逃避的当下真相:

……一生就这样流逝了。我们试图通过拼命越过一些障碍来获得安宁;只是即便我们越过了障碍,安宁却又变得不可忍受了(这是因为安宁带来无聊,所以我们必须离开安宁,寻找躁动。没有一个缺乏喧嚣和娱乐的场景是快乐的,但只要我们享受着娱乐,任何场景都是快乐的。但是,请判断一下这种让我们无法思考自我的幸福到底是什么吧……)。

——《思想录》,第139条

停止对自己的逃避,这样才能结束为了彰显社会地位而令人筋疲力尽的伪装,才能摘下面具,以真实的自我敞开心扉。

习俗的危害

当我们面对虚空的时候,有时会无法定义自己的无所适从。如果有人问我们其性质，我们会这样回答："我不知道。"就这样，我们迷失着，拒绝思考痛苦的当下，即使这样的思考能让我们拥有回转的空间。我们第一反应往往是躲在让自己舒适的区域内，保证自己不会出任何意外，帕斯卡称这个区域为"习俗"。我们遵循惯有的做事方式，屈服于从小养成的思维习惯及有明确定义的存在方式，这样我们整体上就很安心，能避免去面对在我们内在、外在都能找到的令人不安的无限。

为了说明习俗的影响力，帕斯卡以我们的职业选择为例进行了阐述。我们是真诚地面对自己的渴望而选择某一职业，还是只是回应了外界的期望？我们是因为祖祖辈辈都是医生而选择了做医生？如果我们的家庭背景与艺术相差万里，我们还敢选择与艺术相关的职业吗？

习俗造就了泥瓦匠、士兵、屋顶工。有人说："这是个很棒的屋顶工。"提到士兵则说："他们都是蠢材。"也有人不同意，说："没什么比战争更伟大的了，其余人都是下贱货。"我们从小就听到人们称赞某些职业并鄙视其他职业，以此进行选择，因为我们天然就是喜欢真理、憎恶愚蠢的。我们听过的这些话甚至将决定：我们只是在实践中犯了错。

习俗的力量是如此之大,以至于天性只是让人成为人,而我们却因为习俗造成人的各种境况。

——《思想录》,第97条

因此,对我们的哲学家来说,"习俗是我们的天性"[1]。我们的天性首先是教育、职业、文化,它们塑造了我们在社会上的多重身份。但是当我们的挫折感太强烈或内心过于不满时,我们就会变得执拗,无法打开对真实的自我进行检视的大门。日常习惯的重量让我们觉得自己只能眼睁睁地看着生命流逝,表现得像机器人一样,在生活中常常满足于被动、顺从。习俗和习惯的重量若达到一定程度,我们会觉得难以承受。浪费生命的感觉如此强烈,让我们必须采取行动,我们内心深处的某些东西在呼吁我们行动起来,仿佛我们没有在自己的位置上,仿佛我们的命运在别处。"这必须改变。要么改变,要么我就崩溃了!"你难道从未这样说过吗?

所以,困难的时刻可能是最具有决定性的时刻,极

---

[1] 《思想录》,第89条。

度绝望的状态也许可以拯救我们，因为我们意识到要么现在做出改变，要么永远不改变，我们必须把命运掌握在自己手中，选择自己想要的生活。诚然，我们不再确定自己会在哪里，我们看着自己跌入谷底别无选择，但是我们必须做出改变，必须活得不一样，否则有可能会永远沉沦，产生对自己和他人极具破坏性的怨恨。

哪种幸福？

回归自我，也会让我们明白自己追问的是幸福，探索的是它的本质和可能获得幸福的方式。到底什么最适合我？我真正想要的是什么？我注定只能像其他人一样行事，还是能找到自己的出路？如果我们走入了死胡同，无法应对生活中的无常并对自己感到失望，那么我们需要找到与自己更加契合的新路，我们需要重新用放大镜审视摆在我们眼前、破灭了的物质主义是否真的能够带来幸福生活。我们可以去寻找、去探索别的解决方案，例如在哲学中就有许多关于幸福的定义能让我们改变航道，其数量和反证多得让我们眼花缭乱。

……有人说至善存在于德行之中，另有人说存在于享乐之中；有人说在自然科学中，另有人说在真理中：Felix qui potuit rerum cognoscere causas[1]，又有人说在彻底的无知中，另有人说在慵懒中，也有人说在拒绝表象中，还有人认为在无所尊崇中，nihil mirari prope res una quae possit facere et servare beatum[2]，而真正的怀疑论者说在他们的不动心、怀疑和永恒的悬念中；还有一些更有智慧的人认为还能发现更好的。我们有这些已经收获颇丰了！

——《思想录》，第73条

对虚空的焦虑就像无形的地下存在，使我们无法在生活的所有事务中注入新的活力，无法让今后的生活不再导向一种盲目、肤浅的消遣，而趋向疑惑和反思相交替的运动。对虚空的焦虑让我们知道自己不能为了取悦他人而与自己脱节，不能按照不符合我们形象的规范去生活。现在，我们不再搁置自己真正的喜好、个人感受、属于自己的快乐，不再避开带我们走向幸福的道路，不再为了契合社会价值观、时下的标准、时代的流行建立自我而牺牲成为独一无二的生命历程——无论这生命有多卑微。

---

[1] 能了解事物原因的人有福了！——原注
[2] 对任何事情都不感到惊讶几乎是唯一能让人快乐的事。——原注

思想形成人的伟大[1]

当我们真诚地探索我是谁，我真正想要的是什么，试着定义自己的幸福时，我们的内心收获了一份奇妙的礼物，那是让我们与其他存在区分开来的幸运礼物，即思想。

我可以想象一个人没有手、没有脚或没有头（经验告诉我们头比脚更为必要），但我无法想象一个人没有思想，那他就成了一块石头或一个野人。

——《思想录》，第339条

这样，一个不思考的人就偏离了他作为人的本性。然而，我们都曾遇到过不思考的人。这样的人占了大多数，他们从来不对自己提出问题，对他们来说，一切都是显而易见的，他们的生活就像乐谱一样被规范好了。从严格意义上来说，这些人从未消遣过，因为他们从未经历过直面虚空带来的那种深刻的焦虑。动物别无选择，只能按照天性活着；令人惊讶的是，人竟然可以选择不去思考，一辈子处于机械的"常态"中，不对这个世界、他

---

[1] 《思想录》，第346条。

的生命、他的命运提出疑问：

他们对于涉及他们自身、他们的永生、他们的一切采取如此无知的态度，这让我愤怒更甚于怜悯，它让我震惊，让我讶异：在我看来，它就是怪物。

——《思想录》，第194条

这些人的命运将如何？他们让自己处于僵化静止的状态，有多少机会可以变化、成长？所以，我们始终需要牢记自己具备非同寻常的思考、评估、反思自身的能力，即便这样的认识非常痛苦，因为它让我们处于虚空的边缘并感到晕头转向，也向我们揭露了我们的软弱：

人之所以伟大，在于他知道自己的可悲；一棵树不知道自己是可悲的。所以人是可悲的，而不是认为自己可悲；认知到自己是可悲的，就是伟大的。

——《思想录》，第397条

思考这一行为有个益处：让我们在看清楚我们痛苦的原因和前进的方法的基础上，获得用于理解事物的新概念。宇宙不会进行自我思考，事物也不会。尽管我们对动物有很深的感情，但它们基本不会思考，它们的生命是由一整套不同阶段的本能来调节的。对于一个动物来说，一切都是事先决定好的，几乎不可能做任何修改，而且代代相传。我们喜爱猫咪，称赞它的品质，但它仍然是自然需求的产物和囚徒。而我们作为会思考的生物，可以改变自己的行为，从另一个角度看待我们的缺点，把它们变为优点。

按照帕斯卡的说法，我们那令人难以置信的伟大，我们那比起自然界其他存在而言不可否认的优越性，来自这样一个事实——我们可以衡量自己的存在。思考，让我们从传统习俗中抽离出来，对自身处境的奥秘之处感到好奇。这是一次既具悲剧性又令人生畏的经历，因为它让我们明白可以后退一步看自己，而且我们不是僵化的。

我们仍是脆弱的

尽管如此，我们还是需要保持警惕。一旦我们相信了自己是伟大的，"无有"就会来扰乱我们的生命。与其躲在自我的后面卖弄自己，还不如接受"无有"会来扰乱我们、惹恼我们、纠缠我们。我们的自尊总是带来一种不幸的倾

向,让我们陷入幻觉,让我们以为自己比我们所是的更伟大。我们不要忘记这一点,对自己保持清醒:

然而,这种思想又是什么呢?它是何等的愚蠢啊!

——《思想录》,第365条

这位主宰世界的审判官,他的精神并没有独立到可以不受自己周围发出的最微小的噪声干扰!要干扰他的思绪,不需要大炮的声音,只要一个风向标或一个滑轮的声音就可以了。假如这个时候他推理不清楚,你也不必惊讶,因为有只苍蝇正在他耳边嗡嗡响,这就足以让他不能好好给出建议了。如果你想让他找到真相,请捕捉那只控制了他的理性、扰乱了统治城市和王国的强大智慧的动物吧!这是一位多么会做恶作剧的神啊!*O ridicolosissimo eroe!*[1]

——《思想录》,第366条

苍蝇的威力:它们赢得战争,阻碍我们的灵魂采取行动,吃掉我们的身体。

——《思想录》,第367条

---

[1] 意大利语,翻译为:啊!最滑稽可笑的英雄。——译者注

最后一句很简单，却无比正确。当我们失去控制的时候，连一只微不足道的小飞虫"喋喋不休"的噪声都能让我们不再冷静，阻碍我们集中注意力，把我们的焦点引向别的地方，推向"无有"的消遣，我们是那么脆弱。同样地，当生活中的小事件占据大部分时间的时候，如邻居发出一点儿噪声，我们可能花费好几个小时甚至好几天去抱怨时，我们是如此脆弱。或者，当我们为一些小事产生嫉妒情绪的时候，如配偶提及新同事"非常讨人喜欢"，我们绝望地想象着夫妻之间最糟糕的情景。

对帕斯卡来说，这样的我们具有多样性：我们能够达到无限的高度，同时又非常容易分心，无法专注于自我；尽管付出了那么多的努力，仍然状态不佳。这时，我们需要接受自己有必要休息这一事实，休息会锲而不舍地帮助我们忠于自己的内心。我们的自由受限于我们自身所承受的各种条件，所以自由只是一种幻觉。意识到这一点，我们就更能够摆脱消费主义的条条框框，以及与之共存的关于身体或心理的标准；也更能够接受别人对我们的批评，因为我们的确无法改变什么；还会对其他人更宽容，因为我们不会再立刻评判、谴责他人。这样的自由难道不是我们的财富吗？我们将重新思考过去的生活，找到通往幸福的新道路。我们也将把自己从过多的压力中释放出来,并对社会上的这些游戏有一个清楚的认识,我们在这些游戏中是始作俑者,同时也是受害者。

尽管我们用尽全力去避开虚空,但虚空还是会抓住我们,有时甚至以非常残酷的方式。当然,不管我们是单身还是已婚,是梦想破灭、愤世嫉俗的人还是永远的乐天派,是活在日常生活琐碎中的人还是渴望冒险的人,我们还是会继续说着"我"。当然,我们总是通过性格、经历、情绪的综合体来认识彼此,但其中不再有虚荣的位置;感谢虚无,现在我们对自己有了更好的了解。我们在困难中去面对虚空时,对事物本质的觉知之光会出现,我们会与自己建立非凡的新关系,那是更真实、更深刻的关系。不要忘了,我们是某些特质的综合体,"借来的品质"来来去去,正如新衣取代旧服。我们也明白了一切都将过去,我们的自我可以自我更新,我们可以从自身的软弱中汲取力量。

核心问题

1. 你是否感到总是需要不由自主地去做一些事?这样的行动让你感觉良好还是让你筋疲力尽?你能够

留出一段独处的时间去复盘自己的生活吗？持续的空虚感难道不是把什么都摊开，让我们可以反思自己的生活，赋予新的意义，找到新的生活方向的途径吗？

2. 你希望自己的生活是遵循相同的习惯从不进行反思的吗？你是否已经思考过这种机械性的生活僵化的一面？从关于虚空的存在焦虑中，我们能得出什么结论？它是不是在那里动摇我们，让我们避开舒适的解决方案？

3. 你如何定义幸福的生活？你的定义来自你自己还是你的"习俗"，即今天的物质文化？觉察到这一点，难道不正是与之拉开一段距离，让我们找到更符合自己幸福的旅程的时候吗？

4. 你是否想过你内心的思想意味着什么？我们与石头或动物有何不同之处？这种关于思想与你的关系的反思让你更被动还是让你真正感受到了自由？你认为这将对你的个人生活产生什么影响？

5. 接受自己的脆弱性，对你来说是力量的象征还是软弱的象征？你更愿意隐藏还是承认你的脆弱？问问自己，接受自己的局限是一种羞辱还是一种解脱，一种减少施加给自己压力的方法？

我们内在的多样性

对自己有清晰的认识就是承认我们不是全体,即使我们的自我经常让我们相信自己就是。实际上,我们算不得什么,只是两个无限、两个深渊之间的一个点,一个稍纵即逝的微小生命。我们知道,当我们面对浩瀚的天空时,当我们仔细观察事物或生物发现其中的微小组成元素时,无限在我们之外;不仅如此,无限也在我们的内心,在我们内心的最深处,构成了我们这个存在的深渊,也代表了我们可以成为的无限。

我们内心的无限

说到底,自然中的人是什么?从无限来看是虚无,从虚无来看是全体,是处于无和全的中间项。

——《思想录》,第72条

虽然我们只是两个无限之间微不足道的存在,但我们不是"无",我们确确实实地存在着,并思考着我们的存在。所以,对于完全的虚无、不存在来说,我们确实是"有";

但我们现在也知道,"我"向虚无开放,向没有限制的内部空间——无限的存在开放。这样,在某种程度上,我们既是无限也是虚无,既是全体也是无有,这就让我们看到了自己的内心拥有所有的可能性。归根结底,我们是多样的,这样的事实带给我们宝贵的帮助和真正的支持。意识到这一点,我们就会看到即使我们以为一切都预先勾勒好了,我们还是能够移动线条。我们太容易把自己简化为一个角色,但其实我们可以改变角色,我们拥有才能和未开发的能力。我们周围的人也很容易把我们归为某一类人,把我们扁平化,但其实我们可以给自己和其他人带来惊喜。没有人可以说已经完成了探索自己的使命,因为这是不可能的。我们怎么可能环抱无限?怎么可能囊括所有的可能性?所以,我们可以对自己尽情期待。

卡在最好或最坏的处境中的危险

帕斯卡让我们知道"想表现为天使的人却表现出禽兽的样子"。然而在现实中,我们既是这个,也是那个,就像我们既伟大,又渺小。同样,我们既善良无比,也邪恶得深不可测;我们既有闻所未闻的美德,也有不可思议的恶念。我们可以发挥无限的才能,就像停滞在意想不到的无能中一样。总之，我们是最好的，也是最坏的；是天使，也是禽兽；但从来不完全是其中一个或另一个：

> 让人过多地看到自己与禽兽差不多，却没有指明他的伟大之处，那是危险的。让他过多地看到自己的伟大，却没有让他看见自己的卑微，那也是危险的。让他无视两者，则更危险。向他指明其中一面和另一面，就非常有益了。绝不能让人相信自己等同于禽兽，或等同于天使，也不能让他忽视这两者，人需要知道自己同时是这两者。
>
> ——《思想录》，第418条

在某些家庭中，兄弟姐妹被区别对待。一边是万众瞩目的宠儿，因为所取得的成就被众人捧上天，是完美无瑕的天使，不会遭受任何批评；另一边是"失败者"，通常会被忽视，是什么都不好、什么都做不了的"废物"，一切批评都是针对他的。实际上，这两类人处境都很艰难，因为他们被锁定在被剥夺自由、没有任何可能性的模式中。然而，"天选之子"需要知道他不可能永远不犯错、不失败、不会有各种各样的缺点；"家里的废物"则需要明白他也可以有无数优点，非凡的成就也在他触手可及的范围内。

允许他人有存在的自由,是击败虚荣和表面的谦虚(这两者都令人难以忍受)最好的武器。

从虚空到动态

当我们想到我们内在的多样性,想到这些多样性提供给我们的可能的转变和转化时,即使这些转变或转化可能非常微小,我们也会口瞪目呆。即使我们不能改变一切,即使我们因为自己的软弱和经常让自己脸红的卑鄙,仍被困于缺陷中,但我们拥有了更好使用自由的能力。我们根据眼前的机会,自己选择生命的方向。经济上的困难、不断堆积的烦恼,所有这些扰乱我们日常生活的小事件都是为了摇醒我们那懒惰的自我,它太容易困在一个角色和习惯中,让我们变得麻木不仁或窒息而亡,最终对于眼前所发生的一切熟视无睹,或不再为了自身的存在而狠狠抓住某些机会。

意识到自己的脆弱性的人,看到生活多么无情的人,他们不会再让机会溜走,不会再希望自己活在彻底的消极中,那样的生活是相同的行为、相同的思维模式所编织的紧身衣。当一个人被确诊得了某种疾病时,他彻底被疾病击垮了,无数次想着那些没来得及完成的事;但没想到,濒临死亡的他竟死里逃生,所以又以十倍的精气神重新开始生活。公司裁员，被解雇的员工选择撸起袖子振作起来，他有着令人难以置信的触底反弹的能力和力量，他知道我们都有可能跌倒，自我正在逐渐朽坏的区域游走。情感、职业、社会层面的虚空体验虽然可怕，但我们可以赋予其意义——更新，以不同方式看待事物，重新审视自己的喜好、价值观以使其与自己更加一致。

对他人全新的关注

对于自己多样性的觉知，能够让我们接受他人的多样性。这样，我们可以更好地接受孩子的转变，而过去我们对这件事可能过于轻视；我们现在也可以不再只交同一种类型的朋友；我们还可以告诉自己，可能我们并没有那么了解跟我们住在一起的人。许多夫妻都因为太确定自己知道对方的一切，包括对方的性格、对方最小的反应，甚至对方的思维习惯而让关系陷入困境。但我们的配偶仍然可以让我们惊讶，引起我们的好奇，激起我们的钦佩之情，重燃我们之间的爱！我们的故事由两个人共同谱写，在不断碰撞出新的火花的互动中，在总是会出现的新处境中，最终所有的可能性都会变为现实。

因此，意识到这种多样性，一般情况下会更新我们与他人的关系：对差异性保持开放态度，以不同的方式迎接与他人相遇、交流的时刻，在另一种看待人性的眼光中，向互相认同的魅力致敬。尽管我们的自尊心抵制这些事，但我们还是可以不那么以自我为中心，更多地看到别人，给他们多一点鼓励和帮助。尽管我们表面上看起来很冷漠，甚至有些苛刻，但我们能够以最大的慷慨来推动对方改变。我们不再犹豫地去推动那些持续自我怀疑的人进行改变，我们重视并强调他们的优点，促使他们完成自己的计划。当他们知道责任在于自己，仍然抱怨现状，觉得自己没有能力改变而抗拒改变的时候，我们甚至可能会生气。出于自身利益考虑，他们满足于现状，就像那些耶稣会士一样。帕斯卡打算为了他们和所有人的益处——但首先是为了基督教信仰，把他们带回到真正的信仰中。耶稣会士为了团结在他们无所不能的派别中，愿意做任何事情去取悦他人，并将决疑论 (la casuistique) 作为一种艺术全盘接受，其中包括最恶劣的罪恶：

要知道，他们的目标不是败坏道德，这不是他们的本意。但改革也不是他们唯一的目的。这将是个糟糕的政策。他们认为自己很好，好到足以声名远播，这对于宗教是有益处的，也是必要的，他们需要支配所有人的良心。[1]

给宽恕一席之地

在认识到我们的多样性之后，我们终于可以承认这种认知的价值，接受宽恕，而不会掉入宽恕是软弱或怯懦的同义词这样的陈腔滥调中。事实上，宽恕并不是忘记或抹去一切。相反，宽恕表示我们愿意不再怨恨伤害我们的人，厘清与他所建立的关系，但我们不会忘记伤害我们的行为或话语。宽恕标志着我们接受这个世界的一切都在变化、转动，包括我们自己。宽恕是接受所成为的状态本身。

举个例子，在小的时候，我们期待着哥哥的爱、保护，期待和他心照不宣，获得情感上的连结，可是他不是把精力都投入在工作上、事业上，就是把时间都花在一个又一个女朋友身上，没有关注我们，我们可能因此充满了怨恨。我们可以选择反复咀嚼情感上的挫折，也可以选择倾听他的理由和遗憾，相信他能改变并原谅他。没什么能阻止我们与他建立新的关系。

---

[1] Pascal, *Les Provinciales, op. cit.*, p. 85.

正如帕斯卡在给克莱蒙费朗（Clermont-Ferrand）援助法院院长的信中所写的一样，面对针对他的人身攻击，帕斯卡并不倾向于报复。一位耶稣会神父指责帕斯卡剽窃了托里切利（Torricelli）在物理学上的发现，帕斯卡承认自己完善了这个发现，但这是为了证明大自然不排斥虚空，因为虚空确实存在：

> 在陈明所有情况后，先生，我希望你能接受我非常谦卑的请求：请你通过你的方式及这位耶稣会的好神父在这件事上赋予你的权力，当他将自己的论文献给你的，我可以知道他对我的印象是从哪里来的；那无疑是他认为值得信赖的几个人转述给他的，也可能是他自己思考的结果。如果是第一种可能性，先生，我恳求你好心再次指出他信仰的轻率影响很大；如果是第二种可能性，我祈求上帝从现在开始原谅他对我冒犯，我会诚心祈求自己也能原谅他；我祈求所有见证这件事情的人以及先生你，同样能够原谅他。[1]

1　Pascal, *Œuvres, Lettre à M. de Ribeyre*, Paris, Lefèvre, 1819, vol 4, p. 167.

正因为宽恕不是件容易的事，所以我们才能稍微从僵化、带有偏见，或暴力所掩饰的恐惧的自我中解脱出来，开始一点点地自我怀疑。不愿意宽恕通常源于我们无法用新的眼光看待自己和周围的人。重新用多样性的眼光去看待所有人，意味着学习重新看待自己，动摇在某种程度上已经彻底定性的自己；意味着接受这个类似于拯救者的镜像游戏，即把他人与我们的关系看作两段交织进行的旋律，彼此互相影响，一同奔向高潮，正如我们可以从热烈的爱情或真诚的友谊中所看到的那样。这样，我们就可以更好地理解为什么勇敢的表现不在于对于我们脆弱性的否认，而在于接受脆弱性；为什么不在于我们对于缺陷的否认，而在于承认我们自己和他人的缺陷；在于运用内心无限的资源超越我们有限的能力。

核心问题

1. 思考，就是思考自己内在的虚空，所以也是思考自己内在的无限。如果我们没有按照无限本身的定义去彻底了解它，我们将如何给自己做出结论？我们作为彻底的虚无，是否也能成为一切？

2. 你是否有时会觉得自己被框定在某一个角色、被划分在某一类别或被矮化的形象中？你把这样的感受归因于什么？意识到自己内在的虚无和可能性之后，你能够更加肯定自我了吗？现在，你可以自由地对任何阻碍、过于简单化的言辞、曾经侵犯你的界限的行为说"不"了吗？

3. 你是否想过身边的人，包括家人、朋友或在街角偶遇的路人都是具有多样性的人？请尝试分析这种新的眼光如何改变你与他人的关系，如何让你更开放、更专注、更好奇于去发现他人内在的全新存在。

4. 想一位曾经伤害过你的人。你能原谅他吗？如果不能，是什么阻碍你不去原谅呢？原谅对你来说是软弱的表现吗？难道它不能带来改变的力量，正面地更新你与这个人之间的关系吗？

变化无常

一旦意识到我们内在的所有可能性，我们就会去满足自己的渴望，努力实现自己的愿望，因为再没什么比与自己内心最深切的渴望同频共振更珍贵的事了。但要做到这一点，我们就容易陷入对自己夸张的控制中，就像我们经常看到的那些追求职业成功、成为演艺界人气偶像的人所做的那样。请时刻牢记社会推崇的完美主义——每月数千欧元的收入，通过控制饮食或反复拜访整形外科医生而获得的完美身体和外表，这些是消除我们对自己的不满的奇怪方式。我们必须明白我们是善变的，我们的天性就是喜欢变化，喜欢改变自己的想法。因此，让我们保持谦虚，最重要的是善待自己。

理想型的诱惑

所有的理想型都是一种诱惑，那是无法实现的完美；如果我们将其视为目的本身，它就是无尽痛苦的来源。声称人能够完全控制自己，在任何情况下都能够完全不受影响，总是能够控制自己激烈的情绪或反应，这些是一种幻想，对自己、对他人都很危险。例如，总是自我控制，努力活在别人所期待的没有缺陷的完全化身中，就像那些总是努力满足上级所设定的过高标准而处于职业倦怠和崩溃边缘的模范员工那样。对自己要求过高只有一个后果，那就是自我贬低。

我们可以脚踏实地进行自我改善：逃开对全面优秀的

崇拜，避开永远无法抵达的完美主义，放弃毫无意义的绝对的自我控制，避免躲藏在日常生活永远幸福的画面中。帕斯卡批判斯多葛学派及其超人的智慧学说，就是从此而来的。后者认为除非完全支配自己的身体和心灵，否则就不存在智慧，而这对于我们的哲学家来说非常荒谬。斯多葛学派的学说完全忽略人天然的适应力，带来的只能是全面的失败：

> 斯多葛学派的论点是那么困难又那么虚妄！
> 他们认为，所有称不上有智慧的人都同等地愚蠢和罪恶，就像那些快要落水的人一样。
>
> ——《思想录》，第360条

在任何境况中都保持着斯多葛学派的坚忍是不可能的！我们无法完全控制自己，斯多葛哲学提出这样的目标彰显的是一种彻底的骄傲！德行不是如斯多葛学派所说的"要么有，要么无"，而是需要分程度来看，就像有较小的错误，也有致命的罪行。所以，我们不会不管这些人犯了什么错误就把他们相提并论，例如我们不认为说谎者等同于犯罪者。即使我们在远海中或离海滩只有几米远、水很浅的海水里溺毙，我们也不会说罪恶的人都会淹死在恶中，应该受到同样的谴责，因为他们没有达到完美。

矛盾性和不稳定性

我们所有人都曾在某一天有过这样的经历：同一件事让我们既欢笑又哭泣，可能让我们兴奋，也可能让我们无动于衷。我们的状态就是这样不断变化着，我们的情绪就是这样在没有明显原因的情况下波动着：

变化无常。事物有各种不同的性质，灵魂有各种不同的倾向；能够呈现在灵魂面前的东西都不简单，而灵魂展现在主体面前的东西也不简单。因此就出现了我们为同一件事既哭泣又欢笑的情形。

——《思想录》，第112条

让我们接受这种变化无常，对自己宽容一些，不要再无缘无故给自己施加过大的压力。在日常生活中不再做小小独裁者，否则我们更会看到自己的错误，并因掩盖错误而产生羞耻感。只是，即使我们变化无常，也不能以此为借口无所事事、自我放弃或为自己内心的异常——为自己的所有行为找借口却让周围人痛苦不堪的异常辩解。我们都知道有些人抱怨整个世界，他们身边的人因此仿佛活在地狱中：他们只要觉得自己处于"异常状态"，就会情绪低落甚至抑郁。情绪容易高低起伏的人很容易把这些变成一种疾病，谴责所受的教育或认为自己遗传了有害的基因，引起父母的罪疚感。具有破坏性的罪疚感，其背后可能隐藏着人类本性中无法面对变动的特性，那是带有恶意的特性，既懒惰又怯懦，让我们无法为自己做任何努力。

我们并非超越一切，我们的不完美迫使我们去接受自己情绪上的小变化，承认我们走得磕磕绊绊，放过自己偶尔做出的疯狂的小举动，并接受自己本性中的反复无常。周期性情绪障碍是病态的，但还有另外一种反复无常完全是自然的、正常的，因为它是人性中的一部分，我们无须为此进行解释，也不应该为此感到内疚。有些时刻，我们非常友好、笑容满面，然后突然变得烦躁、不耐烦，好像什么都无法忍受，我们甚至可能没有明白其中的原因，但这种情绪的波动让我们无法抵抗。我们忍受着这些情绪的波动，有时也让别人承受这些，但我们毫无办法，因为对立的双方并存于我们的内心。正如时钟的指针需要钟摆的运动才能向前移动一样，我们也从一个情绪摆荡到另一个情绪，无法自制：

人的本性并不是永远前进的，它是有进有退的。激情有冷有热，而冷也像热本身一样显示了激情的热度的伟大。

——《思想录》，第354条

狂妄自大

我们不是天使，认为自己是天使会毁掉我们与他人、与自己的关系中的一切。实际上，我们抵达的地方——不完美和幻灭是我们想避开的，那里满是不完美和幻灭。例如，约束自己持续在道德上保持卓越，结果还是不可避免地表现出我们想避开的缺点。再说，持续保持道德上的卓越总是会引起怀疑，例如在任何情况下都保持友好，表现出对所有人的友善，对待自己和对待我们最大的敌人一样总是微笑，小心翼翼不去批评，并不停地渴望取悦他人。一个友善的人，可能会因为希望获得好感、与他人达成一致却完全不顾别人的感受而最终引起反感。无论他是因为害怕让别人不高兴，还是因为投机者的厚颜无耻、永远不会忘记自己的利益，这样的人永远都不会因为他人的优点而真正爱他人，他们爱他人是经过选择的。在他们的善意、恭维、不变的友好姿态下，冒出来的是虚伪。我们完全有理由对这种不变的善意、全面的妥协（有一天我们可能会成为这种妥协的受害者）保持警惕。同样地，过于谦卑也足以让我们厌烦，在配得上赞美的时候拒绝赞美的言辞是不自然的。拒绝对自己的正面评价好似拒绝侮辱一样，也需要引起注意。总而言之，被迫成为圣人的人常常难以隐藏其真面目，即无尽的骄傲和自我的膨胀。这就是为什么太多的德行反而扼杀德行：

> 如果我们追求德行，从一个极端到另一个极端，就会出现罪恶。罪恶沿着无限小那一边不知不觉地钻进来，悄无声息地潜伏着，也沿着无限大那一边成群结队地出现，以至于让人在罪恶中彻底迷失了自己，再也看不到德行，却以为自己就是完美本身。
>
> ——《思想录》，第357条

简而言之，想要达到某种品格的顶峰并保持之，就会陷入其反面的恶，有时连自己也不自知。尽管并非自愿，但物极必反，我们必须承受矛盾永恒的规律。因此，我们有责任站好自己的位置,避免活在"疯狂的伟大"中。或许我们可以不时通过努力尽可能与两个极端融合,巧妙地把它们集合在一起,寄望于有益的平衡点。它们永远不是非此即彼对立的两面。根据经验我们知道,永远过度要求与卡在达标的边缘根本没有任何区别:

酒太多和太少;一点儿都不给他,他无法找到真理;给他太多,也是一样。

——《思想录》,第71条

过分自由不好,拥有一切必需品并不是好事。

——《思想录》,第379条

我们不是为了极端而生的。因此,一成不变地坚持自己所认定的,将某一能力推向极致,赋予某一职业或某一生活方式特殊的地位而忽视其他的,经常会让我们自封退路、不再敏锐,把自己封闭在越来越受限制的生活模式中。最接近激情或精神错乱的"极端"者,无论是政党还是体育俱乐部的狂热支持者,总是令人心生怜悯,因为他的热情让他变得盲目,他的痴迷把他拽入谷底,他的缺乏距离感让他做事毫无分寸——这一点与他反面情况出现的结果一样,即麻木不仁,将一切置身事外,什么都不在乎,没有任何激情,彻底地漠不关心,这样有时候会把人带向更糟糕的境地:凡事都是一场游戏。

在矛盾性中行动

与其被矛盾夹击,不如在其间游戏,用最好的方式塑造它们,让它们为我们所用。生活让我们看见:过度的状态或不能松懈的职业工作往往会让我们感到疲倦或痛苦。这就是为什么我们总是寻求变动、不同、改变,对比会重新带来乐趣。太多的独处时间让人厌烦,就像无法不与别人相处一样让人厌烦——因为我们再也无法找到自己了。太多的工作让我们筋疲力尽,麻痹我们的大脑,耗尽我们的精力。但完全没有了与工作相关的限制我们也很痛苦,例如假期里,我们觉得已经用空闲时间在旅游景区游览一遍了,接下来只能是一次次在景区里转圈,再也不会看到其他新东西,日子长得像结束不了一样。

事实上,认真对待工作、获得好的结果是对于我们坚持不懈的回馈,但如果没有放松的时刻,留一些空间让自己放手,处于不忧虑的状态,甚至犯一些让我们感觉不错的错误，我们就不会有优秀的表现。我们也知道，每天与同一批人接触会让我们感到紧张，这就是为什么我们不时需要"换一换空气"，出去与其他人相处一下，这样回来才能更好地与我们所爱的人相处。总之，我们需要从极端的一边移动到另一边，这样才能重新获得力量，才能更有精力，才会结出美好品质的硕果：

滔滔不绝的辩论让人感到无聊。

王子和国王们有时候也会玩游戏，他们并不总是坐在宝座上。总坐在宝座上让他们感到无聊：只有离开伟大，才能感受到它。连续不断会使人厌恶一切；为了感受到热，冷就是可爱的。

自然是通过进步在行动的，itus et reditus[1]。它前进，又后退，然后进得更远，然后加倍地后退，然后又比之前更远；以此类推。

潮汐就是这样进行的，太阳似乎也是这样运行的。

——《思想录》，第355条

---

[1] 拉丁文，译为"有进有退"。——译者注

"自然是通过进步在行动的",这是显而易见的。如果我们以一种植物为例,它们需要季节的对立更迭循环才能更新、生长、繁荣。只取对立的一面而不取另一面没有任何意义。在人类的身上,也有这样的对立面,互相交织出美妙的乐曲。在对立面的交替、来回中,我们的经验不断累积,变得丰富,这更有可能让自己进步,或与他人一起进步。所以,夫妻偶尔也需要大吵一架,以此摆脱日常琐碎,强化彼此的关系。吵架的暴风雨过后回归彻底的平静可以驱散沮丧,让彼此表达愿望,更好地明白对方的期待,在爱的关系里注入新的动力。因此,我们不要拒绝对立面,要接受它们,抓住它们之间的互补性,从中获得真正的益处,这样对我们更好。

矛盾的和谐游戏

即便如此,我们也无法逃避矛盾,因为根据帕斯卡所说的,我们的自我定义本身就是许多"对立面"的组合体:

对立面——人天然就是轻信的、不信的,胆小的、鲁莽的。

——《思想录》,第125条

我们无法逃避自己和我们内在的对立面，原因有很多，但是我们不一定都能找出来。可能由于生理、荷尔蒙的变化，我们会毫无意识地从一个对立面走向另一个对立面；可能由于比平常更敏感一些，我们会发现自己对于一些平常不在意甚至会让我们发笑的言论竟然非常生气；可能由于时间的改变，我们看待人、事、物的眼光变了："我们认不出你了""你完全变了"。随着时间的流逝，我们的观点会发生变化，口味不再相同，不再有同样的渴望，我们为人处事的优先顺序也会发生改变。因此，人是多样的。这样就更好了！人是善变的、充满矛盾的，何必抱怨呢？德行需要它的对立面才能存在，需要对比才能显出它的价值。把缺点跟优点放在一起比较时，我们会更理解这个缺点，尤其在缺点能衍生出优点的情况下：如果我们知道害羞、保守蕴含着力量，如一颗孤独的心能够释放出强大的智力潜能，这样我们就更容易接受一个人的害羞和保守了；正如极端的笨拙、无法挽回的笨手笨脚，会让我们在实践中经历灾难性的后果，但它们也是聪明、精致、充满自嘲的幽默感的发酵剂，这样想我们就不容易生气了。

　　对立面造就了我们，我们可以最大限度地从中挖掘出宝藏；只要我们知道如何充分利用错误，错误就是我们的机会。我们的奢望、嫉妒、控制欲、愤怒,所有的缺点都可以成为优点的燃料,让我们走得更远并超越自己。与其压制内心的暴力或将其转化为针对他人的卑劣和扭曲行为,还不如通过对抗发生在我们身边的弱者身上的不公正来升华它。也就是说,我们不必对抗驱使我们的本能和我们内心中的"野兽",相反地,我们需要驯服它们,从中发挥出最好的自己。这样,我们才能建造自己、不断成长。

所以,我们不是简单地放手或便宜行事。让我们对周期性的放松说"好的",在别无他法的时候接受自己的缺陷、小小的担忧或巨大的悲伤。起起落落表明了一个人在按照自己的节奏走出属于自己的道路时的尝试、犹豫、失败和成功,就像摇摇欲坠的走钢丝者在空中为了更好地前进,会向一侧或另一侧倾斜。我们需要认出驱使我们的对立面原谅自己的反复无常,因为我们可以通过它采取行动并影响我们的未来。

关键问题

1. 你是否总是倾向于与理想的榜样做比较?你自问过这个榜样是从哪里来的吗?是可以达到的还是高

不可攀的？完美对你来说是虚幻的还是真实的，是野心的源头还是不断重复的挫折感的源头，是动力还是产生持续的压力和无价值感的原因？

2. 你认为反复无常是不正常的吗？对于情绪的波动，你倾向于接受还是不惜一切代价去控制？这样的自我控制对你来说让你更平静，还是让你对自己或他人更暴力？问问你自己：应该为这些牵动你的起起落落感到羞耻吗，还是它们是你本性中的一部分？

3. 你如何看待那些总是一成不变、过于友好或在任何情况下都保持微笑的人？他们是真诚的吗，还是有所掩饰？我们应该相信他们还是怀疑他们？问问自己，过多的美德是否总有点可疑，例如总是充满同情心，背后是否隐藏着其反面？

4. 我们应该把我们的矛盾当作障碍还是机遇？我们自身的对立性是负担还是能带来益处的必需品？我们从一面转换到其对立面是在浪费时间和精力，还是可以重获回归本源，然后更好地前进？

5. 你属于总是抱怨自己缺点的那种人吗？缺点是否可以突出优点，甚至产生优点？从这一点上来看，你认为是否必须努力除掉自己的缺点，或者相反，找到一种方法重视它并从中找出一些积极面？在此意义上，你自己难道不可以成为分析的对象，甚至在自己身上进行实验吗？

第三章

采取行动的途径

顺从感性和理性而成长

与其束缚在习俗和习惯中,还不如通过雕塑我们内在的可能性,同时又不忽略帕斯卡最看重的基本品质——"诚实",重新找回我们的独特性。我们也要敢于冒险,直面对于变化的恐惧、对于任何新事物的抗拒心理,把赌注押在更新的生活上。不要犹豫,挑战约定俗成的事物,记得什么都说出来不是好事,让我们征服极其有用的"背后的思想",它不会禁止愤怒,甚至在我们的自由受到威胁的时候还会反抗。

在我们的计划中做自己

稍微思考一下,在我们的计划中做自己就是衡量组成我们本性的神秘性、不完美和不满足。我们看到了,我们有可能从内心的缺乏、虚空中汲取力量去建造和提升自己,好好利用它们,让我们的各种能力蓬勃发展。虚空可以产生创新、独特性。说到底,严格意义上的创作难道不就是无中生有吗?所以,让我们通过了解自己的极限和优势首先成为自己的创作者;在自己人生的这个项目中,以艺术家的方式综合自己的不足和强项进行创作。我们必须以自己为目标。

人必须认识自己：即使借此不能发现真理，但至少可以规范自己的生活，没有比这更正确的事了。

——《思想录》，第66条

停止嫉妒别人：小心我们的想象力

认识自己，从停止在跟别人的比较中定义自己开始。面对一位来自高级住宅区、身着巴黎最新时装的女性，面对她的仪表和与众不同，我们可能会不知所措，但我们对于她又了解多少？如果我们没有她这样的外表和同样牌子的服装，我们可能会简单地因对她的第一印象而自惭形秽。在朋友家吃晚餐时，朋友可能向我们介绍一个社会地位很高的人，对方的著名医生或公证人的身份或许会让我们很不自在。只是，我们始终需要牢记，一切不过只是一个形象，自我给自己披戴起来的形象，即便抬高身价、过分赞誉，其内心还是继续为了掩盖缺点而自我斗争着。我们不断放大他人的性格、做事方式，假定他们拥有某些品质，对他人形成了错误的想法，最终我们只是成了想象力的玩具：

> 想象力，它是人最具控制力的部分，是错误和虚幻

的主人；由于它并非总在欺骗人，就越发能欺骗人了。因为假如它是谎言永远可靠的量尺，那么它就是真理永远可靠的量尺。但是，由于它通常是虚假的，因此它并没有显示出它的品质的任何标记，它对于真假都赋予同样的特征……

——《思想录》，第82条

因此，我们绝不能太相信自己的想象力，即便有时候它是正确的，但通常是错误的。所以，尽管想象力对我们很有吸引力，深深地控制着我们，但我们还是需要保持理智。很明显，我们时刻都在想象：我们依靠人的外表草率地做出判断，被对方感动，钦佩对方，同时贬低自己。我们将自己与吸引我们的外在因素、声望、较高社会地位、家庭幸福的标志进行比较，而实际上我们应该理性地回到本质问题上：正如我们之前所见，这一切都是自我的游戏、傻瓜游戏。每个人都生活在其影响之下。

超越影响，找到自己的才能

一开始，我们的自我处于"我很自由"的幻觉中；只有在放弃了骄傲，不再认为自己是一切的主人，明白了自己不过是所逃避的一系列原因的客体之后，自由才真正地成型。自认为自由的骄傲，是我们需要意识到的。意识到这一点，就已经是一个自由的行动了。当我们能够识别出自己拥有这些政治理念或职业抱负的原因时，我们就更加了解自己了。

一个简单却有趣的例子就是听一听成名歌手或演员的子女的心声。孩子们不断声明自己有选择的自由，称赞父母在自己的职业选择上保持中立的爱，证明他们的声望依靠的是自己的才能，他们从事现在的职业源自天然的喜好。有时，他们甚至声称已经尽可能长时间地远离父母的艺术事业，但某个时刻突然前路被照亮，只得回应信仰般的艺术事业召唤。这让人难以置信……

同样地，只要看一看年轻人希望选择的学业类型、他们梦寐以求的工作，以及他们眼中成为成功代名词的职业，我们就可以理解家庭、社会和文化环境的重要性，就能知道"习俗"塑造一个人的力量。国家教育系统区分了精英教育和一般性教育，人们总是认为大专生或某些手工行业从业者属于失败者，父母尽最大努力避免让自己的孩子进入手工技术部门的炼狱，不断将他们推向大学的迷人天堂。

有个问题我们任何人都无法避免被问及："你做什么工作？"当我们不得不回答这个问题的时候，我们的社会就会显示出跟其他国家一样，用伟大或卑贱、体制内或体制外、骄傲或屈辱来衡量一个人。任何团体都有坐标和标准，每个人都可以在其中找到自己的位置。一方面，在符合成功标准的时候，我们的自我非常满足，站在被羡慕、被嫉妒的一端；另一方面，内心又会觉得自己非常不幸，感到很不满足，认为命运一直把自己往下拉，因为被支配、不被看重而在心里反复咀嚼着怨恨。"认识自己"首先需要在标准化、规范化、等级化的习俗与我们的品位、喜好、兴趣爱好相左的时候进行自我审视。我们所有人都不一样，无法在同样的工作中找到同样的快乐和满足。有些人适合做营销，进军商界，商务是他们自我实现的源泉，他们的专业知识是财务部门的品牌资产；有些人做着高风险、低收入的工作，因为只有肾上腺素的释放才能让他们感觉到自己真实存在着；还有一些人喜欢宅在家里，喜欢沉思，他们可以在哲学反思或科学研究中找到适合自己的道路。

我们是多样的，当我们抵达人生的终点，回忆起构成生命的不同阶段，充斥在其中的便是不同的"我"的时候，生命本身就可以证明这一点。然而，我们还是可以通过关注自己的渴望，避免按照社会习俗抑制自己的深层欲望，挖掘自己的才能，更好地"调整"自己的一生。敏感于自己的需要，在宿命中找出积极的东西，对我们是有益的。我们可能确实是为了某件事而出生在这个世界上，我们需要自己找到这件事，以自己的风格自由地发展它，自己的风格即帕斯卡谈到的所谓的"主要才能"：

思想——一切就是一，一切又是多元。人性之中有多少种天性，有多少个阶段啊！每个人选择自己所听到的有价值的东西，又是多大的巧合！安得很好的鞋跟。

——《思想录》，第116条

鞋跟——"哦！它安得多好啊！真是个能工巧匠！多么勇敢的士兵啊！"这就是我们的倾向及选择境遇的根源了。"这个人酒量真好！那个人酒量一般！"正是它，让人清醒，让人醉酒，让人成为士兵、懦夫，等等。

——《思想录》，第117条

主要才能，规定了其他所有一切。

——《思想录》，第118条

我们所做的，只是在实践不是我们所选择的"才能"，这份"才能"的造就出于经济原因，它让我们不得不工作，反常规而生活。我们做一份工作，可以是为了找到我们最根本的能力，找到我们每个人都拥有的特别才能，一种定义了我们的"矛盾性"不断浮现的原创精神。反复的失败和持续的不满，可以是一个机会，一个为了与本质相遇及为关键性的经历做好准备的机会；也可以是突显上天所赐礼物的特别时刻。有很多见证人、很多书籍都非常强调这些时刻：所有一切突然转变的时刻，一生的志业的证据诞生的时刻，终于看到我们的存在是独特的计划的时刻。"我明白了这就是我想做的"，这句话可以出自一位成功的作家之口，当他提及自己最初的阅读体验，在很小的时候就被那些伟大文学家的灵感火花所吸引时说的；这句话也可以出自一个参加人道主义工作实习的大学生之口，他说再也不回到自己的国家了，因为他爱上了这个认识不久的国家和人民，他下定决心创建自己的协会来帮助最贫困的人。正如有时候，我们在朋友间的谈话中惊讶于突然听到认识已久的老朋友告诉我们他/她在尝试绘画之后决定放弃一切成为画家，仿佛得到了艺术的启迪。因此，"认识自己"在某种意义上也是在寻找自己的身份。

努力对自己诚实

一旦知道了让自己与众不同的才能、禀性或天赋,我们就可以采取行动:发挥我们的智能潜力或自如的人际交往能力,以独特的方式奔向一般性的目标。这是可能实现的,只要我们去思考帕斯卡所说的:规训我们的思想,不要害怕把这些想法付诸实践,要去面对生活中最意想不到的状况。正如我们的哲学家所说的那样,我们可以努力成为一个"诚实的人",这个品质包含并超越其他所有一切品质:

> 我们不要(说)某个人"他是数学家""他是传道者",也不要说"他是演说家",而要说"他是诚实的人"。唯有这种普遍性的品质才使我高兴。当我们看到一个人就想起他的著作,这是个糟糕的信号;我希望我们不要看到什么品质,除非通过真实的相遇并有机会表现出品质来(Ne quid nimis[1]),免得某个品质超过这个人本身,人们以此称呼他;我们千万别想到一个人很会说话,而是在他真的说得很好的时候,再去下结论。

——《思想录》,第35条

---

[1] 拉丁文,译为"不要做太多"。——译者注

"诚实的人"所表达的意思在今天似乎有点偏移，在帕斯卡的时代，它指的是我们的哲学家经常拜访的社会名流，他们能够完美地掌握社交规则，有着完美的自控力，体贴而灵巧地对待每个遇到的人。这样的人在任何环境下都非常友善。但在他谨慎、善良、体贴的表象背后，我们可以看到他对取悦他人如何在意。总之，这是一个社交名流的典型形象。他为了更好地保护自己——保护自己免受构建我们的虚空和弱点的影响，沉浸在自己的世界和习俗中。在这种情况下，"诚实的人"将对外表的控制推向了高潮，一刻也无法放弃自己值得称赞的形象，无法放弃沉迷于迷人的自我中。

我们还不如把"诚实的人"解读为"可敬的人"，作为我们可为之奋斗的理想型。这样，做一个"诚实的人"就是要对自己真诚，绝不忘记我们的有限性，以从中获得最好的部分。因为如果我们太自以为了不起，我们的"我"自以为所知甚多或所知不多却不断膨胀，高调展示自己，那么我们就会错过自己的目标。问题不在于为了炫耀自己的知识而强迫他人倾听，例如有时候我们所经历的那种似乎被某些"专家"囚禁的谈话，感觉非常可怕，他们在某个主题上无休止的论述最终耗尽了我们所有的耐心。谁都有权利在某一天发表一些极具强迫性又无聊透顶的言论,内容可能关于有机烹饪、飞蝇钓鱼法或音乐学——对方试着说服我们相信三十二分音符在奥利维埃·梅西安[1](Olivier Messiaen)的音乐中的重要性。这种时候,我们通常感到被困住了,非常痛苦,仿佛就是无故被罚的赎罪者:

> 既然一个人不可能是通才,也不可能知道所有可以知道的一切,那么就必须对一切都懂得一些。因为对一切都懂得一些,比懂得某一件事物的一切更美好,这样的博学是最美的。如果能够二者兼而有之,那是更好的。假如必须选择的话,那就选择前者,大家都觉得应该如此,也都是这么做的,因为大家往往是很好的判官。
>
> ——《思想录》,第37条

当我们公正地看待自己的价值,下定决心、运用自主性,以谦虚、卓越的态度克服自己的弱点并不断散发人性的光辉——其中肯定保留着我们最美的人生计划时,我们就是"可敬的人"。今天,尤其在新技术时代,文化可以直

---

[1] 1908—1992年,法国作曲家、风琴家,二十世纪最具代表性的作曲家之一。——译者注

接连接到我们的家中，我们太容易获得知识了。迈开脚步走向新的机遇，走向新事物所拥有的潜力，责任则在于我们自己。我们有责任不再因为压抑的周遭环境而活在受损的自我形象中，不再成为自己生命中缺席的订阅者，我们有责任摆脱压抑的日常琐碎去见见其他人，通过他们看到自己可以变得勇敢而快乐。我们可以体验友谊的力量或再次坠入爱河，最终建立持久的关系，即我们长期忽略或已经失去很长一段时间的所有一切。不管在哪个年龄段，我们都可以做一个控制自己，并编织自己生命的人。

为了对他人诚实

真正诚实的人接受所有的遭遇，在普通人什么都看不到的地方找到特殊性，在大多数人只看到一致性或充满成见的地方发现多样性。日常生活的经验可以让我们学习观察和倾听，在每个人的内心中找出灵感和学习的源泉。我们可以超越一个人先在的不那么吸引人的身材、外表或社会阶层，看见我们所遇到的人的经历对于事物的看法、对于现实的独特见解，我们可以从中寻找灵感。诚实能让我们以不同的方式看待他人，看得更加精确、更加细腻，也让我们更了解自己：

一个人的心灵越伟大，就越能够发现拥有独创性的人。平庸的人发现不了人与人之间的差别。

——《思想录》，第7条

然而，真正的学习在人与人之间的交流中：我们与其他人一起练习诚实，与那些给予我们许多却不求回报，用巧妙的话语把我们推向德行却让我们以为是自己找到的人交流。我们爱那些向我们袒露自己的人，也更明白为什么帕斯卡在他的《思想录》中隐藏自己的影子去引导我们，是为了更好地向我们展示人最深的本性：

当一段很自然的语言描绘出一种感情或效果的时候，我们就会在自己身上发现自己所听到的那个真理，我们并不知道它本来就在那里，因此我们就要去爱那个让我们获得如此感受的人；因为他没有向我们展现他有多好，而是我们有多好；因此，这样的好让我们被他吸引，而我们与他之间这种充满智慧的连接必然会让我们产生爱他的心。

——《思想录》，第14条

将理性和直觉巧妙地结合在一起

当我们用更好的眼光看待一个人,更具有"敏感性精神",更好地用实践心理学进行自助时,我们就触摸到了诚实。我们可以学会更好地看待这个世界,更好地找到自己的位置;通过磨砺我们的敏感性,学习从原本让我们受损的社会游戏规则中找出好的一面来避开某些陷阱。我们知道结识与我们非常不同的人,尽可能多地向其他领域采取开放态度,惊叹于人类令人难以置信的多样性,我们可以获得一切。当我们学会用理性和直觉仔细地观察来自不同领域、不同阶层的人时,我们就能够更好地预测某些人的反应。

这种直觉通常是我们的出发点,只是直觉可能会骗人:我们思考得太快,做决定的时候常常忘记了影响我们判断的整体原因。让我们观察一下别人,看看他们在我们所熟悉的人身上可能会犯的习惯性错误,他们会在外表中看到自己的完美型的反映。那么,让我们避开他们因为判断太快、仓促而落入的陷阱!在前文中我们已经看到,我们确实非常容易便宜行事,根据一些外在线索得出全面性的结论——关于一个人、一件事或某一处境的明确结论。但第一印象通常是假象,因为在那个当下我们其实被一系列我们并不知道的影响控制着。我们受当下的情绪影响,根据过去对我们特别有影响的事情或通过类比——发生在过去的相似情境，我们进行评判；从一开始，大部分时间，我们都依赖于偏见。例如，我们在巴黎的公共汽车上看到有人穿西装三件套，我们会立刻得出结论——这是一位企业高管或销售。但我们不知道的是，根据统计数据，巴黎的大多数高管都会避免乘坐公共交通工具，他们通常开车出行。同样地，我们在所居住的城市中看到清洁工人在人行道上打扫，我们会立刻推断出这个人没受过什么教育，但他们中许多人至少读完了大学二年级。我们自以为有依有据，但其实我们错了，从一开始，我们就是自己想象力的猎物，我们的判断力并不好。

这也是为什么我们需要留一些时间来运用我们的理性、逻辑思维和分析能力，这可以矫正我们因为匆忙、急切而犯下的错误。运用理性这件事，随着时间的推移会强化我们的直觉，理性可以纠正、理顺直觉，让直觉在判断上更加准确，正如经验丰富的专家可以马上看出需要处理的问题在哪里，马上就能知道解决这个问题的方法。正确地运用理性，可以让我们产生"第六感"——在无法解释的情况下准确地进行判断的能力。这样，我们可以进入一个场所并说："我对此感觉良好。"然后就发现后面发生的事情证明我们的感觉是对的。我们迷路的时候，可以靠着"感觉"找对路，还会惊讶于在紧急情况下自己在无意识中如此快而准确地采取行动。每一次，我们过去的经验都会介入当下的情况中，会适应全新的处境并在我们毫无意识的情况下引导着我们。

因此，没有什么能够阻止我们按照"类型""类别"去认识他人，或使用与我们息息相关的"本能"让自己更加敏锐，更好地理解情况以采取合适的态度，避免尴尬的行为或让人愤怒的言辞，给偶然和不确定性一些机会。我们常常很难"理解"他人，也就是说，由于无法理解他人的心理，我们很难设身处地，把对方当作自己来思考。如果这种理解他人的心理学可以从书本上学到，那么它首先应该教我们在与人打交道、跟一个人以恰当的方式讲话或行事的时候，需要运用直觉。人可以拥有很多文凭，拥有非凡的文化内涵，却可能因为没有随机应变的能力而对他人没有吸引力或无法在自己的领域取得成功，因为这样的人无法抓住时机去说话或做事。在某个领域表现出聪明、拥有能力并不是一切。我们可以看到一些医生因为不会接待病患，没有去适应病患的心情或性格，导致病患大量流失。他们就像按照设计功能运转的机器一样对待自己的职业。我们可以看到一些政客也有这个特点，他们虽然毕业于巴黎政治学院 (Sciences Po) 或法国国家行政学院 (ENA)，但他们站在演讲台后面，面对着一群军人时，毫无魅力可言；他们的电视演讲也只会惹得观众哈欠连连，更糟糕的情况是引来讥笑和嘲讽。

拥有一种"敏感性精神"

最终，采取最好的行动，就是要知道如何敏锐地在别人看不到任何东西的地方捕捉到细微的差别，在表达对于某个主题的意见时顺风而行，并在正确的时间采取行动，最大限度地感受情境以采取一击即中的行动。与其横冲直撞，不如通过等待、观察来保持距离。这样，我们就能发展出一种直觉的智慧，随着时间的推移去练习如何一下子抓住引导行动的主要原则，让我们的"敏感性精神"成为接近真理的方式，利用每个当下的敏锐进入更有益的行为规律。这与"几何学精神"恰恰相反，后者需要清晰、准确的使用说明，并且只能根据原则和明确的推理才行得通：

> 因此，某些拥有敏感性精神的人之所以不是几何学家，是因为他们完全无法转向几何学原则；而某些几何学

家之所以不具备敏感性精神，是因为他们看不到眼前的事物，他们习惯于几何学清晰、天然的原理，只有在看到、解决了原则的问题之后才进行推理，所以在面对原则性难以操控的敏感性事物时会感到迷茫，它们的原则不允许这样来掌握。这些事物的原则，我们几乎看不到，我们需要去感受而不是去看见它们，我们几乎不可能让那些感受不到它们的人理解它们。它们是如此细致，又如此繁多，我们需要极其细致、非常清晰的感觉才能感受到它们，并根据这种感受直接而准确地判断出它们来，但我们往往无法像进行几何学推理那样按顺序加以证明，因为我们不是靠这样的方式找出这些事物的原则的，按这样的方式找出它们来是一件永无止境的事。我们必须一眼就看出整个的事物来，不是靠推理过程，至少在一定程度上不是。

——《思想录》，第1条

我们必须相信这种能够让我们的存在更容易、更美好的智慧形式，并且雕琢这种"敏感性精神"，它能够让我们更犀利地诠释一些态度的变化，例如面部表情的微小变化，以分辨出是恼怒、嘲讽，还是善意，从而表现出我们所看重的敏感性精神，就是永远不被别人的无动于衷所影响。

因此，当我们从呆板的思想中被解放出来，理性地接受虚空随时都可能找上门时，我们就是一个"可敬的人"。我们经常在贵重物品运输的包裹上看到"注意易碎品"的字样，让我们也这样把"可敬的人"贴在自己身上吧。"可敬的人"的独特之处在于能够超越困难，在于拥有在绝望中让最美的东西绽放的能量。成为"可敬的人"，就是学会好奇而不阿谀奉承，善于交际又有洞察力，拥有直觉，变得卓越，但远不止如此。让我们听听帕斯卡怎么说，听完之后我们就能更清楚地知道什么是"诚实可敬"，并通过行动试着接近它：

我们不会教导人如何做诚实的人，却教了其他所有一切；他们夸耀自己懂得其他任何事物永远比不上夸耀自己的诚实，他们只需要夸耀自己唯一没有学过的东西。

——《思想录》，第68条

哲学—行动

1. 试着经常提醒自己：想象力影响着你看待别人的方式。小心那些让你印象深刻、自我贬低的态度、行为和外在表现。想一想你的界限、你的忧虑、你的问题，你为了维持自身的形象所做的努力，告诉自己没有人可以逃脱这一切。练习把其他人视为演员，根据他们所演绎的角色和所在的场景表现出或好或差的演技，因为对于所有人来说，这都是一样的游戏。

2. 总结一下你目前的情况，尝试去确定哪些因素已经对你产生了影响并持续影响着你。告诉自己，"我"仍然可以自由地找到自己特殊的天赋。找到这种让自己实现自我的原初能力，永远为时不晚。经常去尝试你一无所知的东西，例如一项兴趣活动，或进入一个全新的领域。为了达成目标，请鼓起勇气，在互联网上查询，或出门走一走、动一动，甚或随机由新事物引导、优化搜索以找到真正适合你的事情。尽管这样的举动不见得会彻底翻转你的人生，但至少让你有了前进的感觉，让你可能与自己的内在更一致，并能从中获得乐趣。

3. 没有什么比选择缺乏文化性或过于尖端的专业化话题更糟糕的了，这有时会让人觉得非常无聊。请适应每一场相遇，适应不同的环境，请采取这样一种态度：避免任何形式的排挤、尴尬的沉默、没有任何意义或可笑的干预。列出不同的领域,如电影、文学、政治,从这些领域最大众化的作品开始,随着时间的推移让自己累积多样化的知识,去感受"所有事情都知道一点"的正当的自豪感。

4. 学习不要着急下判断,例如在你面对一个新认识的人或从未遇见过的情况的时候,练习不要直接判断。驯服你的第一直觉,宁愿选择观察、进行对比后的理性;然后,你将看到我们的经验如何帮助我们避开匆忙的陷阱,如何赋予我们"第六感",如何帮助我们正确、自发地去感受并采取最恰当的行动,如何赋予我们新的直觉,最大限度地把握气氛或敏感地分辨一个人的心理状态。

把赌注押在风险中

帕斯卡对博弈游戏进行了非常精确的研究,我们知道他是概率论的奠基者之一。他的研究首先应用于《思想录》,其目的是让我们委身于宗教信仰,我们需要根据上帝存在与否去计算我们会赢得什么、失去什么。下文将讨论这一点。一般来说,我们在他对概率的思考中可以看到他邀请我们重新思考不确定性的价值，以便更好地投注。那么怎样赢得偶然？有没有一种对我们有利的方法，一个让我们经常成为赢家的秘诀？我们很容易理解三连胜的玩家或体育博彩迷在勾选获胜者数字前会先思考一下，或在把钱投入赛马或足球赛之前尝试最大限度地运用自己的经验。这样一来，我们也就可以理解在我们的生命或幸福成为一种游戏的时候，等待时机对于我们来说是多么有益！

我们的生命必然是一场赌博

然而，我们为什么要拿自己的一生去赌呢，这样不是让自己置身于危险之中吗？帕斯卡告诉我们，我们根本没得选：

> 是的，我们不得不赌。这不是出于自愿，但你已经上船了……

——《思想录》，第233条

"你已经上船了"，我们的哲学家说。这意味着不是我们自己选择活下来，因为不是我们自己选择出生，潜入存在中，进入生命的旋涡中。虽然我们对自己来到这个世界不负有责任，但我们有责任选择过自己喜欢的生活。那么，虚无时刻盯住我们的生命，我们该把赌注押在哪种类型的生活中呢？

现在我们知道了：我们太倾向于随波逐流，被动地按照所听到的去做，遵循身边的人为我们画定的路线。我们经常陷入日常例行事务而否认自己最深切的渴望，因为害怕投入而哀悼着我们真正在意的事情。由于害怕受到惊吓而自我放弃，害怕改变而牺牲了自己，其结局就是过着永远不变、重蹈覆辙的生活模式，而后果则是日复一日、翻来覆去面对同一套东西。我们觉得这一切最终会让我们沉睡，让我们轻视自己，为自己的放弃而感到内疚。我们可能在生活中做出了选择，但也被束缚住了，创新之翼已经飞走，多彩的新奇视角随着时间的流逝也已经消失。我们为了逃避虚空而原地踏步，只是我们不能彻底放弃对自己重新下注的可能性，不能就这样接受筹码已落、一切都已结束的想法。我们有责任重新分配我们手中的牌，充分利用它们。现在，由我们重新掌控局面。

安全是生命的原则：以最小的损失换取最小的收益

我们倾向于押很小的赌注，以最小的损失换取最小的收益。确实，若事关自己的生命，我们基本上都是"小玩家"。例如，我们故步自封、被动地等待着更好的未来，我们四处寻找防范措施以避免微乎其微的风险。我们把赌注押在最终能够颠覆一切的奇迹般的存在上，想象力也让我们相信可能存在着可以彻底转变的现实。然而，在这样的过程中，我们却押着很小的赌注……当然不会赢得任何东西！就像法国博彩(FDJ)的投注者一样相信自己拥有幸运星，只要在格子上打勾或刮一刮卡片就可以了，但他们基本从未中过奖；我们也是这样相信自己拥有幸运星。很多人都害怕失去自己拥有的极少的东西，其他任何事情在他们看来似乎都太冒险了。"我们知道自己会失去什么，但我们不知道自己能够赢得什么！"这是我们身边围绕着的声音，而充满艰辛的时代背景又让这句话显得更加真实；如果不考虑现在的经济环境，这种态度正说明了我们的人生深深扎根于恐惧之中。因为虚无让我们害怕，我们自然而然地偏爱任何能让我们感到安全、感到被保护、免受混乱和威胁的东西，我们选择用习惯和习俗所建立起来的秩序来逃避让我们内在不安的混乱。整个社会也是如此运作。愿未知归于魔鬼！

防范措施确实无处不在：道路安全的宣传活动；对消

费烟酒的警告，对吃得太油腻、太咸、太甜的提醒；成倍增加的城市地区摄像监控；邻里组织的保护社区的轮流巡视；总是缺货的最新智能警报器；私人保险公司提供的各种保险，包括住房保险、健康保险、取消保险、最大范围承保旅游期间出现麻烦的保险，我们还可以购买人寿险来保护我们的配偶和我们的孩子。这样我们就可以安心，仿佛未来就不会有意外发生；我们也可以放心，因为在我们年轻的时候父母就为我们提供了储蓄保障，在退休的时候有退休金的保障，自然灾害或其他任何灾难来临的时候有国家补助金的保障。总之，未来必须有标识，不可预见的事必须被引导。这样，我们就毫无知觉却绝对安全地走向虚无：

在我们眼前放一些东西防止自己看到悬崖之后，我们就可以无忧无虑地在悬崖上面奔跑了。

——《思想录》，第183条

但我们太快忘记了：根据定义，行动必然会带来新事物。在这样的情况下，我们根据人生的原则而采用的防范措施并没有把我们推向行动，反而让我们只能过中规中矩的生活，让我们停留在呆板的自我意识中。如果我们真的在寻求确定性，由于没有什么是真正确定的，我们唯一找到的确定性可能就只有停止行动！

把赌注押在不确定性上：以最小的损失换取最大的收益

实际上，我们将"最小的损失换取最小的收益"作为原则行事时，我们就是最蹩脚的赌徒。只要稍微思考一下，我们就能明白：明智的赌徒更多考虑的是如何以最小的损失换取最大的收益。如果想赢得某些东西，我们还是需要偶尔冒一点风险，看能从中获得什么。因此，为了尝到变化的滋味，把赌注押在不确定性上似乎更合理。这样的话，为什么还要抱怨我们的习惯被打破时和我们别无选择只能投注于其他事情时带来的麻烦呢？为什么还要抱怨虚空让我们处于不得不进行改变的紧迫感之中，逼迫我们投注于生命和发现生命的能力之上而不是投注于其反面呢？

假设我们梦想着有一段疯狂的爱情或转换职业跑道去做让我们兴奋的工作。一开始我们很犹豫，估算着我们梦想成真的概率大概是十分之一，我们非常确定，没有这份梦想中的爱情或工作，我们的生命将平庸且索然无味。那么，在我们面前有两种可能性。一种可能性是，我们不去追求梦想，碰巧在我们的余生中也没有发生任何让我们有机会瞥见它的事情。没有机会，我们也就没什么可遗憾的。我们没有失去太多，也没有得到太多，但至少我们能够确认，所有的一切只不过是没有兑现的承诺，生活是一场由失落的幻想组成的不愉快的闹剧。另一种可能性是，我们意识到梦想是可能实现的，遇到了起决定性作用的人，但为时已晚；或者遇到了一个绝好的机会，但无法利用这个机会。那么我们就完全失败了，我们的生活从任何一面来看都是一团糟。

这个赌博游戏的结果就是：如果我们是老练的玩家，就会知道自己真正的兴趣在哪里。用看似不合理的信念行为，把赌注押在自我实现的计划上，即便这个计划非常疯狂，充满了不确定因素。如果我们押错了，至少我们充实了自己的生活，尽管失败，我们仍然坚持忠于自己这个存在。但如果生活证明我们是对的，那我们就赢得了一切！

……这就消除了一切选择；凡是无限存在的地方，凡是不存在输的无限可能性对赢的无限可能性的地方，就绝没有犹豫的余地，而是应该孤注一掷。

——《思想录》，第233条

在风险中重新找回人生的滋味

冒险就是投注于某一个好处之上,同时知道我们有输的可能性。我们的生命就是由各种日常的小风险、小问题组成,只要听一听这些话就会发现:当我们去商店购物时去晚了找不到要买的东西,"这里很可能没货了",或者当我们与人有约但迟到了,"他可能不会等我了"。所以,既然我们无法掌控未来,生活就会总是存在着最小限度的风险,但幸运的是,我们不需要为此采取行动!因为如果一切都提前计划好了,我们就没有任何动力去激励自己了。如果玩家事先知道将要出现的数字,他对于赌博游戏可能就不再感兴趣,也不会从中找到乐趣了。此外,如果我们努力按照日常方式去规划一切、计划一切,所有一切都变得可预测,那么生活就会变成同一场景一遍又一遍地重复。如果我们在电影院或剧院看到这样的戏码,我们就将是第一个离开放映室和现场的人。

因此,风险就是人生,风险让我们在行动中体验到自由,它是我们每天做出各种小决定的引擎,也是我们做出各种决定性的选择的引擎——这些选择让我们在不确定性中描画出、创造出我们的存在和意识。我们以不确定性的虚空为代价,有时甚至冒着死亡的虚空的风险,我们投注，冒着极大的风险，期待着满满的收益。在风险中，我们已经因为敢于冒险而赢了，因为敢于接受危险而赢了。当然，此处仍然毫无保障。一名记者揭露权力阶层错综复杂的关系，如同左拉谴责反对德雷福斯(Dreyfus)的阴谋集团一样，冒着极大的风险。当一名被公众认可、被舆论敬仰的电影制作人决定以新的表达方式来打破惯用的手法时，他的艺术很可能会迎来死亡。加加林和阿姆斯特朗冒险进入太空的时候，几乎是抱着有去无返的决心的，我们又该怎么说？今天，像作家罗伯托·萨维亚诺(Roberto Saviano)那样描述那不勒斯黑手党的罪恶活动，或者像美国国家安全局雇员斯诺登(Snowden)那样揭露美国政府的间谍活动，也在冒很大的风险。通过这些挑战，所有这些人都是冒着失去自由、失去名誉甚至失去生命的风险去对抗悲伤却安全、非常稳定的人生，自愿跳入虚空和未知，以赢得有时不受欢迎的知名度。他们以自己的方式让我们看见英雄总是身处危险之中，他们关心自己的思想是否总是不断更新且非常活跃。

即便仍有死亡的想法，也要证明你对生命的执着

投注在不确定性中，其实就是投注在生命本身之上，

并赋予生命新的动力。我们不得不接受这样一个事实，即一切都可能变化、改变，因为一切都在流动。那么，我们在某些时刻感到满足，却因为害怕这些时刻消失而变得消沉，这很正常。太多的幸福往往让我们变得脆弱，因为我们会直面自己的局限、自己的虚无以及成就我们存在的一切必然会消失的事实。这反而是健康的标志，意味着我们深深依恋着生命，依恋着心爱的人，依恋着喜爱的某些地方。我们有时感到虚空，这是不可避免的，随之而来的痛苦向我们证明我们是多么热爱我们这个存在，以及所有存在能够给我们带来的一切。

可能存在一个深渊般的虚空，会把人吸走。在其中，人们自我放弃，负面地定义自己，即以所有不是自己的一切来定义自己。随着岁月的流逝，这一虚空啃噬着我们，并不断壮大，它是一种指数级的虚无，除了与生命早已准备好的永恒契合和永远离开之外，没什么东西可以填补它。那是长久以来想要结束生命的人感受到的虚空，是生命即将迎来终点却觉得自己一事无成、死亡的焦虑彻底让人无法动弹的感觉。还有一种周期性的虚空，它可能是有益的，我们需要与其对抗，对自己要求更高一些并努力自我重建。这样的虚空打破空洞的习惯，防止我们便宜行事，

打乱沉积的平庸,让我们反观自己的生活,对生活提出疑问并赋予其另一种意义:

怕的是没有危险的死,而非在危险中死去;因为人就是人。

——《思想录》,第215条

如果这种虚空是绕圈子的障碍,那么我们必须因此将其视为一个机会、一种超越自我的召唤、一种利于生命成长的不满足的表达。请记住,当我们热爱生活并希望尽可能让人生走向最好的方向时,死亡的焦虑会更加明显。很多抑郁症就是出现在一切都很顺利,我们的满足感要满溢出来,抵达幸福的顶峰的时候。既然我们不是为了顶峰而生,那么我们必须立刻下降,跌倒在地上,找到重新开始攀登的力量,就像许多自我探索和自我考验,许多挑战和会收获个人成就感的经历所能带来的一样。

从动态的现在中构建自己的生命

如果我们不想把生命建造在沙子上,不想眼看着一切都崩塌,那么我们必须牢记:完美的幸福不可能存在,我们想象的一切都是不确定的，想象与现实的错位总是在等待着我们。我们知道想象力会欺骗我们，那么我们就给它这种优越感，但没什么能够阻止我们重新思考想象力带给我们的挫折感和它强加给我们的失望，更好地去分析我们不断努力填补的虚空。举个例子，如果我们缺乏爱，正在寻找一段真正契合的关系，那么我们应该在当下就避免按照完全超越现实的理想行事，想着白马王子或远方的公主。"爱情总是在意想不到的时候发生。"你真的这么确定吗？从现在开始，从目前已有的条件中去设想未来，根据实际可能相遇的机会、我们的敏感度、突如其而来的直觉和对各种关系类型的探索以完善我们对于夫妻生活的描述，最终在不会忘记现实的情况下下定决心，这样会不会更好？"我怎么会爱上这个我认识了这么多年的同事/就住在隔壁的邻居！"当生活战胜了想象力制造的幻觉时，我们只能这样表达。有时，在目前所处的环境中，我们就能找到稀有的珍珠，我们所渴望的珍贵的对象。事实上，与其把未来当作幸福的同义词，用这样的方式来思考现在，或根据想象中的幸福——不存在的幸福来采取行动，还不如从动态的现在出发，在我们这个存在的彻底的不确定性中去进行对世界和我们自己的探索。

幸福的欲望

经过反思和更仔细的自我审视之后，可以看到我们似乎在追寻的，首先是对幸福的欲望，而不是幸福本身：

> 最让我们高兴的，是战斗，而非胜利：我们喜欢看动物互斗，而不喜欢看狂暴的赢家踩躏输家；如果我们想看的不是胜利的结局，我们又想看什么？结局一到，我们就对它厌烦了。……我们追寻的从来不是事物本身，而是对事物的追寻。

——《思想录》，第135条

我们渴望欲望本身、欲望的能量、它所代表的正向的运动、隐藏于其中的对未来的承诺，这些都是我们对自己所抱持的希望。欲望和行动是对抗每时每刻都虎视眈眈的虚无的最好武器，因为仅仅是渴望本身就能带给我们无比的满足和进入战斗的那种深沉的愉悦；这样的战斗给我们提供了目标。首先，我们要有接受考验的意愿，尽力发挥能力和才华，让自己陶醉于活力之中。我们知道这样的活力总能带给我们一些东西，即便那只是下定决心的喜悦和自豪。然后，我们就有理由期待计划必将完成，而其他的计划还会在这无限的动态中接踵而至。我们也知道，这种动态不是徒劳的，不是荒谬的搅动，它可以建构出我们内心深处的探索，从无限的虚空中汲取灵感，这样无限的虚空带给我们无穷尽的资源，让我们感受到成长和实现自我的喜悦。因此，没什么比"放松"更糟糕的了，没什么比"养老院"之类更畸形的了。我们是否真的应该完全忽略人们的心理状态，让本来不需要放松的人——被虚空抓住的无聊折磨着的人，被虚无压垮的慢性抑郁症患者，即被认为该吃抗焦虑药物的抑郁症患者去放松。

如果虚空是我们所有人的命运，如果它能够在我们无聊的时候严厉地提醒我们，那么让我们记得，它也能够让我们保持清醒，提醒我们存在的灰暗和单调。我们的自我是消遣的产物，也可能从虚空中出现，在清醒的状态下让消遣成为欲望的创造性表达。在人们围成一个圈、在一个数字上投注却输掉了所有之后，在狂热地期待赢得赌注时，在惊讶于这场赌博中所有会出现的可能性时，人们说："一切都不对劲！"那么，在这些情况下，学会消遣，就不是在浪费时间。

哲学—行动

1. 改变一些习惯，打破把你"关起来"的防范措施，保持你对未知的恐惧。尽管你非常不情愿，但是请你尝试一下新颖的食物，第一次一个人坐在咖啡店的露台上喝咖啡，冒着迷路的风险在一个完全陌生的小区里面散步。你或将发现自己喜欢这些会带来回报的小风险，也会信心大涨，能够去面对以后可能出现的更高的风险。

2. 我们都想成为人生的赢家，但我们必须投注！下一次，当你面临两难的选择时，面对一个可能改变你的感情生活、家庭生活或职业生涯的决定性的选择时，问问自己你将赢得什么、输掉什么。允许自己在其中摆荡，强迫自己权衡其中的得失，试着在不确定性上赌一把，这样才有可能在这场豪赌中成为大赢家。

3. 学着避开想象力的陷阱，例如对于在书本中或电影情节中的爱情保持警惕。学着不要谴责你当下的欲望去追寻一个看起来不太可能实现的理想。保持警惕，环顾四周，对动态的当下、无法立刻让你获得幸福的情境或相遇、每个点滴累积起来的你当下忽略却可能是你内心深处最渴望的爱保持开放态度。届时，你将惊讶于从现实中发现的宝藏，这些宝藏竟然如此触手可及！

4. 请不要认为幸福是一种需要达到的完美状态，因为那是遥不可及的，幸福是一种运动，一种需要我们不断去迎接挑战的动态。请你把每一场战斗，无论大小，都当作前进的动力，即使有时在过程中会失败。请你告诉自己：焦虑、不幸、绝望经常来自拒绝斗争，来自轻松却有害的放松，来自对人生及潜在的新生活的放弃。

获得"背后的想法"

我们经常是他人想象力的受害者，在这样的情况下，我们自我欺骗，也想欺骗别人。我们本能地知道，为了逃避虚空的真相，我们不得不更喜欢表象，更喜欢角色已被分配和固定好的社交游戏。我们知道一切都只不过是形象的问题，但因为有失去平衡的风险，我们并不敢过多地触碰这个问题，这也是我们同样习惯于关注别人的形象的原因。为什么不承认我们并不总是想知道真相？为什么不承认我们的自尊让我们变得敏感？为什么不承认若是缺乏分寸的人胆敢说出我们不想听的话，我们总是会生闷气或小小报复一下？我们也是第一个试图操控周围人的自我的人，这样欺骗他们可以使他们免受伤害，或者使我们不会成为他们潜在的报复的受害者，抑或只是阻止他们背叛我们。事实上，我们一直以来都很小心，我们知道并不是所有的真相都适合说出来，我们用礼貌、关切和表面上的微笑来掩饰自己的虚伪。我们小心翼翼地维护着自己的形象、声誉，正如我们小心翼翼地维护着他人的形象一样，因为我们的自我依赖于他人的形象。最终，我们只能在没有选择的情况下和整个社会一起玩一场傻瓜游戏。

社会性的傻瓜游戏

我们根据所交往的对象，毫不犹豫地整体改变自己，以维持着弹性十足的形象游戏。我们毫不迟疑地在某个人的背后对其进行刻薄的批评，私下嘲笑我们刚才还赞不绝口的朋友的品位太差，或者在某场非常无趣却因为必须打出高质量的友谊牌而不得不用力参与的聊天中大笑。没有人能逃得开批评。对着他人我们无法逃避，他人对着我们也是一样：

……这样，人生只不过是一场永恒的虚幻；我们所做的只不过是相互欺骗、相互恭维。没有一个人会在当着我们的面和背着我们时以同样的方式讨论我们。人与人之间的联系都只是建立在这种互相欺骗的基础上；如果每个人都能知道自己的朋友在背后所说的话，不管对方说得多么真诚、多么不带个人感情色彩，极少有友谊可以经得住考验。

所以，人只不过是一些伪装，只不过是谎言和虚假，不管是对自己也好还是对他人也罢。他不愿意别人对自己说出真相，也避免对别人说出真相；所有这些品性，远离正义和理性，天然地深植于人心。

——《思想录》，第100条

我们的心总是容易因为骄傲而被扭曲，我们的意愿总是容易因为自尊和取悦幻觉中的自我而被掺杂其他东西；但我们也知道这样的幻觉可能在将来的某一天烟消云散，那时我们就不得不面对现实。事实上，没有人可以完全避免遭遇糟糕的突发事件和失望；没有人可以保证自己完全信任的人绝不会背叛自己。我们可能会成为所传播的谣言、不公正言论的受害者，而造谣的人或许是我们完全意想不到的。然而，我们没有理由因此就认为爱是这样的或活在强迫性的怀疑中，我们只需要知道：很多事情并不取决于我们的意愿，我们越清楚地知道每个人都笼罩在幻觉之中，就越能够获得宁静，也总是能够满足。我们越是清醒，越能够学习某种自我隐藏的艺术，越能够游戏于表象之间，就越能够做到内外一致。虽然帕斯卡在《思想录》里谈到的更多的是关于政治和正义的，但他的推理和建议仍然有效，他建议我们不要太轻信，让我们睁大眼睛看清自己和他人，并对普遍的幻觉保持微妙的距离。

不要落入"半老练"的陷阱

幻觉就是这样无孔不入，我们在这个世界中成长，其中充斥着幻象，我们却以为是真理。我们被一见面就能说会道的人吸引，被言辞振振、吹牛的人糊弄，不明就里。如果我们总是被这些方式迷惑，那么我们需要承认自己就是帕斯卡口中的"人民"，完全站在习俗、习惯确定无疑的幻觉中。在帕斯卡那个时代，他如此说道：

> 作用的原因——等级。人民尊敬出身高贵的人……
>
> ——《思想录》，第337条

我们天真,却不自知;我们觉得别人跟我们说的话都是真实的,我们眼中所看到的都是合理的。天真是共识之王,从未真正运用过理性中的批判性。假设你对一个普通美国人说,他的国家是一个自由的国家,根据一个人的成就可以实现阶级的跨越,没有野心的人只能生活在贫民窟里,或因为自己的过错在街头勉强存活下去。这样的说法在这个美国人听起来可能没有任何问题,正义就是这样的所种即所收。你也会看到在非洲或其他地方,人民为着他们的总统欢呼,然后我们在电视上看到在这些地方的人大部分处于极度贫穷之中;听着记者对他们的采访,他们对于坐着德国轿车、被一群保镖保卫着的国家元首的尊重和热情让我们感到惊讶。不公平四处游走,人民却为此鼓掌,因为他们被欺骗了,以为自己活在公正之中。

　　这些人并不属于某些承认不公正且要求服从的组织。例如军队,军人可能会从上级那里收到令人难以置信的命令,他必须随时准备服从,因为在军队必须服从命令。这些人所处的环境,并没有即便存在分歧也要无条件服从的规则;他们不像那些认为所接收的命令荒谬而四面楚歌的抗议者,或愤怒的工作者,如对领导的新安排不满的员工,他们只能随时准备屈服,因为从企业的逻辑来看,原则上需要服从上级命令。

人民的态度更不是真正的造反者的态度，真正的造反者时刻准备着战斗，充满使命感，为真理代言：指责所有不公并揭露必须停止的普遍的谎言机制。人民的轻信与"半老练"的态度无关，正如帕斯卡所说：

> 作用的原因——等级。人民尊敬出身高贵的人，半老练的人藐视他们，说出身并不能代表一个人的优势，那只是偶然。
>
> ——《思想录》，第337条

这些"半老练"的人认为我们长期浸淫在其中的公正只不过是一种想象，是有小聪明的人为了在政治上、工作中或其他地方利用它所构建出来的。他们是完全正确的。但是，当他们认为存在完美，因而声称自己握有真理、相信奇迹时他们就错了。这就是为什么他们有时会转化为危险的理想主义者，让现实去符合他们的梦想，正如着魔的父亲以完美家庭的名义折磨身边的人，或疯狂的独裁者以某种乌托邦之名压制他的人民一样。

不要成为"半老练"的人，而要问问自己真理到底在哪里。哪里有真正的公正？每个人都声称自己拥有它时，我们该如何重新找到正路？以自己的公正之名揭穿这些幻觉，会扩大争端，给每个人带来可悲的影响，还有无休止的战争、冲突，因为人们出于虚荣相信以绝对真理的名义可以去开化自己看不起的民族。

因此，当欺骗带来倾听、理解甚至是和谐的时候，它也算有好的一面。实际上，每个人如果都按照自己的标准去判断，按照当下的印象来决定接受或质疑正确性，不可能达成一致。如此一来，我们就会在多元化的意见、多样化的确定性、各种各样无穷的建议和主张中迷失。让我们举个例子：我们与朋友们一起吃晚餐，很快就会发现自我与自我之间的对抗。某位朋友改革了司法系统以彻底杜绝犯罪行为，另一位朋友在几分钟之内改革了医疗系统以接济社保，还有个朋友提到他已经敏锐地看到了未来全球的饥饿问题将得到解决。归根结底，如果我们不得不听取各方的抗议者和说教者的意见，我们其实什么也做不了，因为绝对的公正是不存在的。

作用的原因——等级。人民尊敬出身高贵的人，半老练的人藐视他们，说出身并不能代表一个人的优势，那只是偶然。但老练的人尊敬他们,并不是根据人们的想法,而是根据背后的想法……

——《思想录》,第337条

让我们成为老练的人,同时总是留有余地

即使相处起来总是很复杂,但我们仍然需要领导的权威。为了学生和老师的福祉,我们需要学校校长尽可能好地管理学校;为了获得最佳绩效,我们需要工厂老板适当地管理员工和生产;为了全民共同的利益,我们需要一个治理国家的元首。我们需要被所有人认可的权力和身份才能前进,需要达成一致才能进行交换、一起建设或创新,才能一起彼此保护、彼此护卫。常识让我们知道自己别无选择,必须依附于自诩为公正的权力机构,这就意味着我们得像真正相信这些权威的天真的人那样说话,但同时还要警惕那些时刻为着并不存在的公正战斗的批评成瘾者。简而言之,我们必须在任何情况下都学习成为一个如帕斯卡所说的"老练的人",同时记得"作用的原因"。

作用的原因——所有人都在幻觉中,这么说是正确的;因为,虽然人民的意见是健全的,但那在他们的头脑里可并不健全，因为他们以为真理在它所不在的地方。真理确实在他们的意见之中，但并不是在他们所设想的地点。因此，我们的确必须尊敬贵人，但并非因为他们的出身真正优越，等等。

——《思想录》，第335条

让我们拓宽视野并始终牢记：作用，即积极的结果，即使我们知道原因本身可能并没有什么价值。让我们为他人着想，也为自己着想，这样才会公正。学着成为老练的人，说到底就是通过"背后的想法"学会公正。避免成为傻瓜，避免在幻觉的基础上玩着守则和守规矩的游戏，就是要认出被习俗所强化的想象力设下的陷阱。老练就是进行角色扮演游戏，让我们的有限和天真都成为不可否认的力量；成为老练的人需要进行大量的自我训练，但最好把这样的老练留给自己，否则可能会让其他认为游戏有效的人产生怀疑并造成不和。这样，尽管老练的人清楚法律并不完全公正，也会毫不犹豫地呼吁人们遵守法律。实际上，他始终记得一切都只是形象问题，我们靠着表象进行判断。例如，通过职位、头衔、地位给人留下深刻印象，获得人们的尊重，可是拥有这些的人跟其他人一样软弱！事实上，当我们巧妙地使用天真，在幻觉中自娱自乐，当我们惊讶地观察到伪装成真理的诡计和骗局竟如此有效时，我们就已经理解了一切：

> 我们的大法官们很清楚这个奥秘。他们的红袍子，他们裹在自己身上像毛茸茸的猫一样的貂皮大衣，他们判案所在的官殿，那些装饰着百合花的旗帜，所有这些堂皇的仪表都是非常有必要的；如果医生没有长袍和白拖鞋，博士没有方帽和四边肥大不堪的袍子，他们就永远无法愚弄世人了，而世人是抵抗不住这种如此有权威的外表的。如果他们有真正的公正，如果医生有真正治病的本领，他们就不需要戴方帽了；这些学识的严肃性本身就足以令人尊敬。但他们只有想象中的学识，所以就非得采用这些打动别人想象力的虚荣工具不可，他们只好在想象力上打主意；实际上，他们就是靠这些来获得尊重的。唯有战士才不用这种方式来伪装，因为事实上他们的角色即本质，他们是凭力量而自立的，别人却要靠表情……
>
> ——《思想录》，第82条

帕斯卡在这里关于医学的言论看起来很严苛，今天的医生可能更少需要粉饰，因为在我们这个时代行医更安全、更有效，但我们也不要那么快就把哲学家所说的话抛在脑后。想一想医院和医院里冷淡的气氛、冰冷的味道和有时为见到白大褂需要没完没了地等待的情形，想一想医生的诊断、我们完全不理解的专业术语，这些同样是有效的权力策略！同样，在银行里转一圈，我们也会发现那里没有任何偶然：无可挑剔的着装、装饰着门面的笑容、让我们自在的邀请和表达的方式及难以理解的财务术语，所有这些和蔼可亲的优越性都是为了说服我们购买保险或"产品"。再一次，形象游戏如火如荼，银行家必须彻底进入他的角色，知道这一点就是老练了。让我们永远记住：老练就是辨认出幻觉并在其中游刃有余的能力。尽管在外在形象的影响下，我们给人的印象是被指挥的，实际上我们仍然是自己在掌舵。

诚如需要坚持一些价值观的成年人和活出价值观的人一样，孩子们也需要相信父母的价值。父母如何表现权威的艺术，扮演好父亲和母亲的角色，给孩子加分或减分，给予奖励或施加惩罚，这些都能衡量父母是否老练。我们很难想象一位父亲或母亲因为觉得自己能力不够，有一些疑惑或经常自问什么是好的教育，而向孩子承认自己不具备做父母的资格。父母的游戏很公平，即使他们都不会被眼见欺骗；类似地，牧师、拉比或伊玛目完全知道如何利用头衔带来的尊重去传道，给予他人好的建议，让迷失的灵魂重回正路，即使他本身并没有做到完美。毕竟，他们也是人，和其他人一样容易犯错，唯一的区别是他别无选择，必须假装，让我们相信他的道德是无可指摘的，他是我们的榜样。作为一个好演员，他知道如何摆弄姿势，用某种表达方式和符合职业的特定行为准则来强化自己的权力。无论如何，舞台必须精心布置，演员必须具有说服力，这样，观众才会满意、放心。这意味着，假装也是有好处的！

正确使用强力：权力的游戏

只要好好利用"背后的想法"，我们就能从老练中获得一切，因为尽管有多样性，我们还是需要权力；尽管有反对的声音，我们还是需要秩序；为了共同生活在一起，我们还是需要伪装成代表正义的强力：

正义、强力——遵循正义，是正当的；遵循强力，是必要的。没有强力的正义无能为力，没有正义的强力就暴虐专横。有正义而没有强力就要遭人反对，因为总是会有坏

人的；有强力而没有正义就要被人指控。因此，必须把正义和强力结合在一起；并且为了这一点就必须使正义的成为强力的，或使强力的成为正义的。

正义会带来争论，强力却非常好识别而又没有可争辩的。这样，我们就不能赋予正义以强力，因为强力否定了正义并且说正义就是它自己。这样，我们不能使正义的成为强有力的，就使强力的成为正义的了。

——《思想录》，第298条

强力总是占主导地位，即便它以温柔、安宁与和平来装饰自己。我们在时下的一些观点中，在传统思想中，在没有风险、痛苦被妖魔化、个性化被拒绝的生活方式中，都能找到强力。我们在游戏中游刃有余的同时，不要被带有愉悦和笑容的强力欺骗了。这种强力显然存在于暴政中，但也存在于民主中，在少数服从多数的压力中——没有任何人可以证明多数有道理、真理的保证。确实，从什么时候开始，普选权成为多重风险的保障？然而，我们需要相信自己拥有这个权利——通过手中的选票决定国家的命运，人们需要相信在普选权和民意代表的专业知识中有正义。街道的名字或国家某些宏伟的建筑，到处都在提醒我们法兰西共和国光辉的历史,这不仅让我们惊叹,也说服着我们,正如大法官的"红袍"。

　　维系人与人之间互相尊重的绳索,一般来说是必要的;因为既然人人都想在他人之上,而又不是人人都能做到,只有某些人才能做到,所以就一定会有不同的级别。

　　因此,让我们想象一下这些绳索在最开始如何互相结合。毫无疑问,人们要互相攻击,直到最强的一方压倒了最弱的一方为止,便终于出现了作为统治者的一方。然而这一点一旦确定,这时候做主人的就不愿意让战争继续,便规定自己手中的强力要按自己的意思承继下去;有的是把它托付于人民的选举,另有的则托付于世袭,等等。

　　正是在这里,想象力开始扮演起它的角色了。迄今为止,是权力在强迫着事实;如今则是强力被想象力固定在某一方,在法国是贵族,在瑞士则是平民,等等。

　　因而维系对于某某个别人的尊敬的绳索,就是想象力的绳索。

——《思想录》,第304条

　　我们必须生活在一起,有人强,有人弱,然而强力不是有力证据，因为它只是用来约束他人的一种限制。强力从一个人手上转到另一个人手上，甚至会让人感到很不舒服，这一直都是冲突的原因，我们甚至有一天可能成为它的受害者。这就是为什么强者只有用智慧和灵巧来证明自己拥有的强力是合法的并让弱者接受他拥有这样的强力，他才是真正强大的。所以，他就发明了神授的法律或其他东西强化自己的地位，让自己受到尊重并通过习俗让人民服从。因此，既然绝对真理并不存在，我们就相信基于管理、根植于传统和表象的力量并且具有确定性的真理的拟像。让我们正确地与这个世界的想法达成一致，为所有人的利益达成共识，简而言之，用我们的才能去庆祝伪善吧！

不要强迫自己去敬重"建制"

帕斯卡在《伟大条件下的三种话语》(*Trois Discours sur la condition des Grands*) 中讲到有两种类型的伟大是我们在老练中永远不要忽视的：

在这个世界上有两种伟大：建制的伟大和自然的伟大。建制的伟大取决于人的意志，他们认为有理由给予某些身份荣耀和一些尊重，爵位和贵族都属于这一种。某些国家尊崇贵族，另一些国家尊崇平民，还有一些国家尊崇长者。为什么会这样？因为人们喜欢这么做。在建制之前，尊崇与否无所谓；但在建制之后，尊崇就变得公正了，因为扰乱制度就是不公正。自然的伟大即不依赖于人的想象的伟大，因为它存在于灵魂或身体的真实、有效的品质中，让一个人或另一个人变得更可贵，例如科学、心灵之光、德性、健康、力量。[1]

这样，我们可以幸运地出生在条件优渥的家庭中，拥有富裕家庭的所有优势，获得他人的尊重，甚至是崇拜，因为我们是外省小城名人的儿子或著名演员或歌手的女儿。在我们看来，我们的出生正巧那么好，但我们所拥有的处境并非我们的功劳。我们有理由享受这些条件，但相信自己天生比他人优越而实际上什么都不是，滥用这些条件就没什么用了。我们不必觉得被冒犯，因为尊重只不过与环境有关系，身份随着时代的变化而改变。因此，老练教会我们看问题相对化，教会我们对于建制的尊重是可变化的。所以，某位部长视察社区托儿所或公立医院的时候

---

[1] Pascal, *Trois Discours sur la condition des Grands*, Paris, Gallimard, *Poche*, 2006, p. 33.

被尊重很正常，但因为他的身份地位给予的关注、礼貌跟他在道德上或其他"真正"的品质——我们对此完全不知情——完全无关。约定俗成的"外在"与"内在"——一个人"天然"的品质无关，而后者才能决定一个人是否真的值得尊重。我们可以老练地尊重比我们高阶的上司，因为这是习俗，碰面的时候要恭敬地跟他打招呼，理解在员工会议上大家所表现出来的对他的尊重，但没什么可以逼迫我们去敬重他这个人，他的职位跟他这个人必须分开来看。所以，我们学会了从两个角度去看待事情，一个是传统的外在的角度，另一个是一个人内在真实的角度。

然而，在想保持客观的同时，我们知道"天然"的品质本身有待讨论、辩论和批判。我们很难就人的价值达成一致。一个人可能在不同的处境下被判断为心思细腻或不细腻，另一个人可能根据情况不同被说成很友善或难以相处，在一个人口中是好人的人，在另一个人口中就成了坏人。我们还常常因为别人对于一个人的评论不符合我们的判断而感到惊讶甚至恼火。但谁是对的？我们也知道自己对一个人的看法可能会因我们的心情、在场的情况和当下的处境而异。我们可能因为嫉妒蒙蔽了双眼、被欲望裹挟着或自己的利益受到威胁，看不见某人的一丁点品质。我们本身就是变化不断的所在。这就是为什么在不否认我们的判断、保留我们的老练的前提下，我们必须给稳定性加入一定的一致性，我们必须把"恺撒的归恺撒"。

救命！形形色色的暴君！

但是，我们要小心，不要全盘接受。我们不必接受所有的要求、所有的职责、所有会整个压垮我们的系统。有些无情的权力机构以和平胜于混乱为借口要求我们屈服，顺从这样的机构就显得荒谬，而且非常危险。我们必须始终练习留有余地的老练，充满智慧随时准备着揭发卷入游戏的虚荣者的自负（并与那些自以为是想证明一切的人或乱七八糟的东西战斗）。如果我们有幸继承了某些可以在他人身上使用的权力，例如我们继承了家族的大工厂，我们现在是名门之后或占据着有声望的职位，不要忘记这是我们不劳而获得来的，要留意自己"背后的想法"。举个例子：不要以为这样我们就可以做任何事，随意支配在我们手下做事的人。要忘记这一切只是一场游戏，是活在自我的牢笼里，表现出可笑的优越感；以为一切都被允许，把将我们放在优势位置上的社会分配的偶然性当作个人升迁的标志。藐视他人，正是把自己暴露在他们的不满或报复中。我们并没有高一等，也不是精英，我们只是从一开始就很幸运，仅此而已。让我们记得这个非常简单的道理，对他人保持洞察力，而不是荒谬地把自己当作世界的中心。

老练在于明白所有的权力都取决于人们的期待、愿望、希望。如果以为自己可以通过强力实施权力，那么无论我们享有什么声誉，也都可能因为愚蠢而失去一切。肆意妄为，粗暴地把自己的突发奇想、任性和主宰的欲望强加在别人身上，会导致最糟糕的情况出现。因此，好好站在自己的位置上，留在自己的能力范围内，小心操控他人的巨大权力的诱惑，也要反抗那些试图把这种权力强加在我们身上的人：

暴政就在于渴望普遍的、超出自己范围的统治权。

——《思想录》，第332条

当我们练习去分辨强力并理解其机制时，我们就更加能够远离任何形式的暴政，警惕任何过度的权力。例如，如果好父母的标准是在孩子需要的时候给予他们爱和保护，那么母亲通过情感勒索左右儿子或女儿对于爱人的选择就是不可忍受的了。一位有阉割情结的母亲逾越了她的职责范围，以爱为名劝阻孩子放弃所有可能的爱情。"我的孩子对我来说就是一切！我为他们牺牲了一切！"这样的话我们一听就能明白，我们也知道说这样的话的人多么依赖孩子，还有掌控的爱给寻找自我的年轻人带来多大的心理创伤。如果父母原则上必须承担孩子的经济支出，那么我们就不能接受父母以经济条件来勒索孩子，用钱来衡量他的职业选择："你必须成为像我这样的律师，否则我一分钱都不会给你！"金钱不能成为衡量偏好的标准，或者衡量内心深处渴望的标准，后者是通过专业学习来满足自我的需求。金钱不应该成为权力工具，用来限制家庭内部成员的职业选择，正如它在社会上不应该成为我们选出从政人员或艺术家的标准之一，唯有他们的功绩才能成为回报。这样我们还能理解为了当上市长或获得龚古尔文学奖而购买选票吗？在一个什么都可以买得到的社会，金钱之王是不公平的，因为经济决定了分配模式或在其他任何模式中成为一贯的选择标准。

如此，我们就知道了每个命令对应着分配标准。从这时起，家庭、职业甚至政治的强权暴政就在于把一种标准强加于个人生活或集体空间的所有领域。集权主义政权的历史让我们看到暴君想要一切，他的力量要有美貌、荣誉、财富相伴，他对统治的渴望让他甚至用铁腕手段控制人民生活中最小的角落，追求混合了各种类型的个人崇拜，那么他自然就不可避免地落入毁灭中。

另一种暴政：当前科技的暴政。从表面来看，科技人畜无害，实际上它们无孔不入，威胁着我们的自由。互联网、手机、银行卡很快就泄露了我们的品位、喜好、行动轨迹、与他人的沟通方式。尽管我们不情愿，但是我们的隐私仍被散播到遍布监视和控制的社会中去。这些日常操作看似无害，却像一种说不出名字的全能的力量，类似于拥有很多手臂的印度教神灵，没有任何东西可以逃脱他的控制。因此，老练的人总是留心跟这些领域做恰当的切割，否则就毫无自由可言。愿每个人都有自己的自由空间、绝对说"不"的可能性，以及该空间受到威胁时抗议的权利。

我们的理性非常脆弱，因为它不断受到来自我们自己和社会的各种欺骗与幻想的威胁，但最重要的还是意识到这一点。所以，理性仍然是指导我们通过思想提升自己的重要支柱之一。对帕斯卡来说，最高阶的提升来自另一种类型、另一种强度的光的介入，我们后文再来讨论这一点。

哲学—行动

1. 详细描述你经常对身边的人、同事或密友提出的所有批评。想一想你对他们所有的看法而不用告诉他们，想一想你所有不向他们透露的秘密。这样的思考会让你意识到，你也不能免俗于背后的嘲笑、戏言和讽刺。敢于直面普遍充满谎言的社交游戏，不要在这些面具游戏中退缩。你肯定会从中获得极大的自我解嘲的能力、提防各种可笑的卖弄，也许会开始用心改变，改善自己。

2. 老练地去享受幻觉吧！请拥有"背后的想法"！下次如果有人轻视你，因为他的职业或社会地位居高临下，请务必记得他所反映的是塑造出来的形象，他的权威和权威的有效性依赖于这个形象。你可以比如一笑而过或轻松地沉默一段时间，不要被这种展现出来的姿态迷惑。

3. 保护好你的自由，免受小暴君的威胁。列出你私人或公共生活的不同领域（爱情、友情、工作、休闲爱好等），准确地定义你在每个领域的权利和义务，同时考虑每个领域选择了怎样的分配标准（用我的技能换取薪水，对孩子的付出换取爱和尊重，根据我的功劳获得奖励）。这时，你将能够更好地识别出哪些人超出了他们对你应有的权利，你就可以说"不"，例如通过情感勒索来决定你跟哪些人交往、安排你的娱乐时间。如果这些小暴君似的勒索成为职业晋升的必要条件，也请你好好准备反驳的论点。

第四章

充满存在意义的眼光

对　永　恒　的　追　寻

帕斯卡的文字的非凡之处就在于它让我们暴露无疑，丝毫不妥协；如课间休息结束的铃声一般，提醒我们自己是谁。

读过帕斯卡的文字之后，游戏就变得不一样了，我们在思想上成长了，不再接受过得既冷漠又悲惨的生活，因为我们知道自己应该得到更好的。由此，我们就成了全新的融合体：我们变得老练了，熟悉了具有讽刺意味的"背后的想法"，甘愿冒风险，尽管知道虚空如影随形但仍坚持最强烈的渴望。我们的哲学家其实是非常优秀的心理学家，他让我们看见带领我们的是幻觉、控制我们的是吹牛者，我们继续演着戏里的角色，但我们换了角度，从此成了清楚自我和他人状态的观众，时刻准备在条件允许的时候穿上新戏服，在必要的时候即兴创作、改变剧本并创新，因为我们的每一次表演都是独一无二的。生命是一场游戏，如果没有亲友和他人在场，我们的表演毫无意义；我们是独特的存在，连接于或许会产生最美状态的弱点，如果没有每天从这个角度去重新聚焦，我们的表演也毫无意义。

我们的智力有限

理性非常有用，但不是无所不能。举个例子，理性可以通过演示让我们确信自己有哪些天生的内在倾向，或不需要任何讨论的空间就证明出我们周围的一切确确实实存在吗？承认吧，我们的智力不是无所不能的，远远不是，只要想一想我们的评判总是随着自己的利益和情绪而改变就知道了。这就是为什么我们要知道自己的价值无可估量，同时也需要重新审视声称站在终极真理一边的哲理。

完全相对的"天性"

世人对种种事物都判断得很好，因为他们处于天然的无知中，而那正是人类真正的居所。

科学有两个互相接触的极端。一个极端是所有人一出生就所处的位置：彻底的、天然的无知；另一个极端站着的是伟人，他们遍历人类所能知道的一切，发现自己一无所知，于是又回到了他们原来出发的那种无知，但这是认识自己、博学的无知。他们中的一些人，离开了天然的无知，又无法抵达另一个极端，沾染了一点这种自命不凡的学识，并假装内行。这些人扰乱了世界，对一切都判断不好。

人民和老练的人是世界这辆火车上的乘客；他们藐视世人，也被藐视。他们对所有事情都判断不好，而世人却对他们判断得很好。

——《思想录》，第327条

在这段摘录中，我们需要明白的是，在绝对真理的领域内，智力必须在无限的面前让位。思考，就是承认自己的无知。帕斯卡告诉我们，这是"博学的无知"，无法通过解释或演示得知。有智慧、诚实的人承认这样的有限；让这些有限保持沉默是一种很聪明的做法，可以避免无休止的争吵、结束不了的辩论——其中，"半老练"的自我在无知中沉浮却不自知。例如，有人说某件事是自然的，对此没有一点点疑惑；随即，人们马上会展开关于正常与异常的争论：有些人站出来反对打破常规的异常者，指责"自然的异常状态"；有些人甚至诉诸法律希望对异常者予以惩罚或彻底抹除这种异常状态。

社会以自然之名定下了规则：母性本能、异性恋或一夫一妻制。但关于这些我们知道些什么？我们真的可以证明吗?"自然"难道不是我们的文化的表达,不是我们一直以来忍受的制约吗?我们往往忽略这些问题,宁愿选择混乱的观点之战和党派之争。事实上,对比此类主题的言论,就是去认识这些观点随着地点、时间在变化,就是意识到环境或时代对于我们确信的事情的影响。只要看看我们的历史和地理教科书,很快就能注意到古埃及人、古希腊人或古罗马人在性问题上的"天性"与我们当前的思想架构毫无关系。我们知道的那些最伟大的希腊哲学家,他们的某些性行为放在今天就会被以恋童癖定罪,他们会被送进监狱!

因此,在某个时刻被接受的事情在另一个时刻就不被接受了。从这里我们可以看出,绝对真理其实与文化习惯有关系,这就是为什么我们总是需要提醒自己被想象力强化的习俗的力量有多大,并承认理性的无能为力:

……以一条河流为界定义正义是多么滑稽!在比利牛斯山的这一边是真理的,到了那一边就是错误。

他们承认正义不在这些习俗中,而在所有国家都知道的自然法之中。假设偶然性的轻率造就的人类法律中至少有一条与普遍自然法相合,他们当然会固执地支持它;然而滑稽的是，人类的反复无常已经如此多样化，以至于根本没有这样的法律。盗窃、乱伦、杀子弑父，所有这些竟然在善行中都占有一席之地。一个人有权杀死我，就因为他住在河流的另一边，而他的君主又和我的君主发生了争执，尽管我与这个人没有任何瓜葛，还有什么比这更可笑的事吗？毫无疑问，自然法是存在的，但这个美丽的理性一旦腐化，就腐化了一切……

——《思想录》，第294条

假设虚幻胜过了现实呢？

习俗和想象把我们带入一个幻觉的世界，但我们绝不能以此为借口一味地批判生命，并一直谴责作为男人、女人"着陆"于存在中的状况。帕斯卡的观点恰恰相反：对于我们可以识别出其原貌的所有欺骗，现在我们可以像孩子看到令人不安、令人错乱、永远神秘的景象时一样，惊讶地看待这些"悲惨"情况。从此以后，我们就有可能后退一步来衡量那些我们曾经那么确定却是错误的目标，那些曾经因为无知一次又一次让自我显得愚蠢的目标。我们确实是玩物，是充满力量的欺骗的傀儡，但现在我们可以接受这个游戏，在这个不断激发人们使用理性而事实除了求助于想象之外别无他法的世界中，发现其令人眩晕的复杂性，甚至乐趣。

我们同样必须回答的问题是关于物质的现实性。例如，我们可以信赖感官吗？看看帕斯卡是怎么对我们说的：

有人说："因为你从小就相信打开箱子的时候里面没东西，箱子就是空的，所以你就相信真空是可能存在的。这是感官的幻觉，然后被习俗强化了，需要用科学来纠正。"另一些人说："因为在学校里人们告诉你真空并不存在；人们毁了你的常识，常识在有这样糟糕的印象之前原本是那么清晰地理解这件事，现在需要纠正才能回到最初的天性中。"谁欺骗你了呢？是感官还是教育？

——《思想录》，第82条

所以，我们的感官其实什么都证明不了，它们有时甚至把我们引入歧途，这是一个丑陋的缺陷；除非，我们先承认自己敏感的直觉是正确的，只是后来被我们从父母、学校及其他地方所听到的一切扭曲了。就像我们从一开始就在真相中，只是各种影响、教导，尽管并非出于本意，却让我们离真相越来越远。无论如何，我们需要再次承认找回它很难，正如在一场充满各种不和谐音符的音乐会中找到最正确的音准一样难。一般情况下，我们被充满节日般气氛的生活幻觉和把我们耍得团团转、让我们无言以对的现实所干扰；我们不讨论人生的变幻莫测和它给我们准备的惊喜或惊吓，讨论的是它的一致性只不过是一场空想的戏剧，只不过是一场被我们当作现实的梦，别无其他。

在《第一哲学沉思集》(Méditations métaphysiques)中有一个非常著名的段落，与帕斯卡相遇的笛卡儿也曾质疑我们的感官，质疑它们的可靠性，对我们的现实跟梦想中的现实做了比较。如果我们真的被一个并不存在的世界欺骗了会怎样？如果我们就像那些沉迷于用手柄或电脑玩电子游戏的人一样会怎样？他们甚至把自己深深代入虚拟角色的代入感中，就像我们会把"我"代入多样性的脸孔一样；问题就在于这些程序员创造出的人工世界是那么真实，令人难以区分，我们只需要轻轻点击一下就能完全沉浸其中……

梦与现实之间的界限那么模糊，我们的感官什么也无法证明。我们所拥有的现实的证据和经验，只要稍加思考就足以被驳倒；科技的进步也无法结束这样的追问。帕斯卡自己也想知道：

  如果我们每晚都做同样的梦，那么这个梦的作用就跟我们每天看到的物品有一样的作用。如果一个工匠每晚有十二个小时都梦见自己是国王，我认为他应该跟每晚十二个小时都梦见自己是工匠的国王一样幸福。

  如果我们每晚都梦见自己被敌人追赶，并被这些纠缠不休的幻景刺激；梦见自己每天都在处理纷繁的事物，就像在旅行时那样，那么我们所承受的痛苦就跟这些事情是真的时是一样的，我们会害怕睡觉，就像害怕醒来要在现实中进入这些不幸中一样。实际上，这跟在现实经历这些痛苦是差不多的。

  但因为梦总是不一样的，同一个梦也会有所改变，所以在梦中所见的比醒着的时候所见的对我们的影响要小得多；这是由于醒着有连续性的缘故，即便醒着的经历也没有绝对的连续和均衡，也是改变的，只是改变得没那么突然而已；醒着时鲜有突然改变的时候，但旅行就是这样的改变，旅行时我们会说"我好像在做梦啊"；因为人生就是一场不太无常的梦而已。

——《思想录》，第386条

几何变量的理性

即使我们是"诚实的人",能够意识到理性其实非常脆弱,但我们也必须承认,我们的力量来自不喜欢犯错,而且我们会毫不迟疑地指挥我们的意愿走向强化我们论点的东西,以便成为拥有最终话语权的那个人。这样,我们所有人都曾在某一天跟配偶吵过架,可能互相辱骂过,甚至有时在房间里扔东西。这种时候,通常开始时的话题无关紧要,一个看似毫无冒犯之意的评论突然显得极其重要,本来无非就是两种对立观点,但引发的对战可以持续好几个小时,甚至好几天。谁做的家务最多?谁太依赖对方了?当下,我们立刻想到的是自己刚才完成的家务,花在孩子身上的时间,为了让对方在日常琐事上不要太花费精力自己所付出的辛劳。但说这些没有任何帮助,只会让局势升级。然而,等我们平静下来,我们很容易就能承认自己夸大其辞;我们看待事情的角度不一样了,是责备使自己的判断远离了真相。最终,我们明白了真假对我们来说是几何变量,根据我们的观点以及方便程度而改变:

> 意志的行为与其他一切行为之间有着普遍且根本的不同。

意志是créance[1]的主要构成部分之一；并不是它可以形成信仰，而是因为事物是真是假要随我们观察事物的角度而改变。意志喜欢某一方面更有甚于其他方面，它让精神不去看重意志所不喜欢见到的那些方面；于是与意志并肩而行的精神也就不去观察它所喜爱的那方面；这样它就只根据它所见到的方面进行判断。

——《思想录》，第99条

所以，面对有限的理性，让我们微笑吧！不是让它成为我们的骄傲，免得我们从不去怀疑它无法反驳的结论。让我们对自己微笑，对我们的不可信或理性总把我们引向对它而言便利的方向这种非凡的艺术微笑吧！

也让我们嘲笑哲学……

通过前文，你和我已经进行了哲学的思考……好吧，不完全沉浸在哲学中也是我们感兴趣的事！至少以某种方式实践它。对于帕斯卡而言，哲学家在面对自己时也需要后退一步，不要太把自己当回事，以避免声称已经知晓了

1　取其同意、遵守的意义——原文编者注

他其实无法获得的真理。一个哲学家摆出高高在上的姿态毫无益处，除非他想招来嘲笑。以已经被普遍证明的知识之名对人进行说教是非常荒谬的，因为这样的行为赋予理性一种其本身并不具备的权力。

关于幸福，有太多的哲学系统在谈论，有时候我们很难有属于自己的定论。对于其他的主题也是如此。通常，我们希望有一个唯一的观点以势不可挡的姿态说明幸福是什么，或告诉我们在人生所有处境中该如何应对。我们希望拥有现成的答案去回答我们所提出的关于存在的各种大问题，例如：对于死亡这种如此确定的议题，是否存在一些额外的提示？死亡之后有些什么？不幸的是，给我们的唯一答复是令人失望的，因为哲学提供的论点经常是相互对立的，甚至是互相矛盾的。

然而，这样的多元化非常奇妙，因为它证明了充满新意的心愿以及人们一代又一代去寻找解答的具有创造性的决心——我们从不缺乏想象力去探索新的路径、去理解这个世界的方方面面。哲学让我们超越偏见，为我们的生活提供新的视角，帮助我们将其看得更清楚、活得更好；但我们必须用智慧击败哲学假装自己拥有知道一切的权力。例如，在笛卡儿那里，哲学是一种教条主义并声称自己可以证明一切，包括上帝的存在；在帕斯卡那里，万能的理性却误入了歧途。当哲学能够持有自我怀疑的态度，不认为自己知道一切时，它还可以断定一个真理：一切都需要被怀疑。因此，我们的哲学家得出这样一个有趣的结论：

嘲笑哲学，就是在研究哲学。

——《思想录》，第4条

最初的哲学家们或许已经理解了这一点。在我们的想象中，他们以庄严和虚荣维持着有关自己的言论的确定性。柏拉图和亚里士多德应该是比我们想象中更得心应手的玩家，他们老练且在一群人和基本上从未真正改变过的世界所演的戏面前用"背后的想法"去思考。这群大思想家的伟大之处在于他们的言论、高瞻远瞩的眼光，在于实际上"并没有这样做"的敏锐。顺便说一句，当前的一些哲学"专家"、教授或成功的评论家，只要花点心思听一听我们这位哲学家的教诲，就能放松下来，脸上重新挂上笑容，包括在想到自己的时候：

我们只能想象柏拉图和亚里士多德穿着学究气的大长

袍。他们是诚恳的人,也像其他人一样跟朋友在一起欢笑。当他们写《法律篇》和《政治学》[1]的时候,他们是在娱乐的状态下写的,这是他们的一生中最不哲学、最不严肃的一部分,他们最哲学的部分乃是单纯、安宁地生活。如果他们写过政治,那也好像是在给疯人院定规矩;如果他们装作好像在谈论一桩大事的样子,是因为他们知道自己讲话的对象是自恃为国王或者皇帝的一群疯子。他们钻研原则,就是为了把他们的疯狂带来的伤害尽可能降到最无害的地步。

——《思想录》,第331条

科学,或回归无限

人是欲望的存在,欲望则是消遣的标志。我们都有欲望、目标、目的,我们相信这些会带来快乐。我们心中有一种无法抗拒的"欲念",即体验愉悦、寻找满足的意愿。

首先,我们有身体的欲望,这些欲望让我们积极寻找与感官相关的体验。如果我们是美食家、美食和精致口味的爱好者,这种欲望会让我们的味蕾颤动。同样,身体也

---

[1] 《法律篇》为柏拉图所著,《政治学》为亚里士多德所著。——原注

可以单单因为我们远离喧嚣、一直拥挤的城市在森林里散步，或在我们所爱的人拥抱我们时所带来的温柔、安慰中，找到非常舒服的感觉。

其次，第二种欲望是让自我感受良好、提升价值感、获得名声的骄傲和虚荣。拥有这种欲望的时候，我们寻找某个社会位置和一份让人尊重、钦佩的工作；我们出入最新的时尚场所或餐厅，即使那里的食物并不好吃；我们去看最流行的表演，尽管演出内容糟糕得引起公愤，也不符合我们的审美，然而出现在那里我们就有机会展示自己让人骄傲的开放的态度！

最后，还有对获得知识的欲望、满足好奇心的欲望。我们渴望知道所有一切，包括从最无用的消息到最深奥的研究。我们贪婪地渴望可以让我们跟家人或邻居讨论的新发现、八卦消息、谣言或评论。八卦新闻、人民报纸很清楚这一点，这些刊物每周的印刷量很好地说明了一切。然而，我们也在寻找关于世界、历史或关于我们自己等的更普遍的新发现，只需稍微注意关于法国历史、人类起源或大脑功能最新发现的出版物所获得的成功，还有那些帮助父母更好地了解婴儿或失控的青少年的心理，减轻父母的负担的畅销书作家就足够了。因此，科学拥有非凡而强大的东西：科学让我们可以解释这个世界的一些现象并应用我们的所知，强化我们创造属性的一面；因为在科学领域诞生了许多令人惊奇的技术，这些技术便利了我们的生活，让人类每一天都在进步。现在，人类不再只是简单地进入太空，而是通过全球定位系统、智能手机和平板电脑与太空时刻保持着联系。我们虽然意识不到，但每一分钟都在"触摸天空"，这非常不可思议，却是现在最平常的现象。帕斯卡本人就是一位伟大的科学家，他对我们说：天空正如所有其他消遣的主题一样，我们永远不可能了解透彻。

请记得我们对于认识内在的"我"无能为力。科学研究永无止境，因此注定是不完整的。帕斯卡所谓的"精神的秩序"的基础，即在这些伟大的科学天才以其了不起的智慧所掌握的领域内，理性永远无法到达无限的尽头。我们需要不断地重新思考我们所拥有的知识，一个接一个持续迭代更新的理论，让我们永远无法掌握现实的全部。所以，在这个无休止的运动中，我们注定需要极大的奥秘去解释自然，这样的现实不应该让我们失望，相反，应该让那些制定观察宇宙的规则的人钦佩。

"身体的秩序"也将我们推向无穷这一边，那是与五种感官相关的领域，不同于上文所提到的"精神的秩序"。举个例子，在这个秩序里，体力是可以获胜的王牌。只要仔细想一下其中一种感官——视觉的可能性，我们就必须承认在凝视太空的时候，我们会在深不可测的视域中看得出神；也会在用现在最新一代显微镜观看最微小、最微不足道的生物时看得出神。那么，就让我们开始观察，例如很小的虫子，如粉螨——螨虫的一种，我们就会被引入从未间断过的探索中：

让一个人回归自我，考虑一下比起一切的存在他自身是什么吧；让他把自己当作迷失在大自然这个偏僻的角落里；并且，在这个他自身所居住的小小牢笼里——我指的是宇宙，让他学着去评估地球、王国、城市和自己的正确价值吧！在无限中，人是什么呢？

然而，为了向他展示另一个惊人的奇迹，必须在他所知的最细微的事物中去寻找。让他看一看躯体微小而其他每个部位更加微小的粉螨吧！它那带着关节的足体、血管，它那血液中的黏液，它那黏液中的点点滴滴，它那点点滴滴中的蒸汽；再把这些最后的东西加以分割，他在这些概念中竭尽全力，能够看到的最微小的东西就是我们现在讨论的对象；他可能觉得这便是大自然中极端的微小了吧。可我还是要让他在这里面看到那仍然是无底的。我要向他描述的不仅仅是可见的宇宙，还有原子缩影的环抱中、我们可以构想的大自然的无边无际。他在这里看到无限的宇宙，其中每个宇宙都有自己的苍穹、自己的行星、自己的土地，其比例与这可见的世界一样；在这片土地上有动物，还有粉螨，在这些小生物的里面可以看到前文所提到的东西；并且既然他可以在别的事物中发现同样无穷尽、无休止的东西，那么就让他在这些惊人的渺小——正如其他那些惊人的巨大的奇迹中忘我吧！因为谁能不赞叹我们的躯体呢？它在宇宙中本来不易被察觉，它自身在全体的怀抱里本来是无从觉察的，而与我们所不能到达的那种虚无相比较之下，竟然一下子成了一个巨人、一个世界或毋宁说一个全体！

如此思考着自己的人都会对自身感到恐惧，而且，当他想到自己被大自然所赋予的在无限和虚无的深渊之间的一块物质支撑着，他就会为眼睛所见的奇迹而震颤；我相信随着他的好奇心转变为赞叹，他就会越发倾向于安静地瞻仰，而不是自负地进行研究。

因为，人在自然界中到底是什么？对于无限而言是虚无，对于虚无而言是全体，是无和全的中间项。他距离理解这两个极端都无限远,事物的终局和本源对于他来说,都无法逾越地隐藏在一个无从窥测的神秘之中;同样,他也不能看明他身之所处的虚无及身之所陷的无限。

——《思想录》,第72条

智力的有限之处出现了最伟大的美

现在,我们可以更真实地看待彼此,并且团结于人类最伟大的创造奇景之中。我们在最原始的伤痛中找回自己,没有这些伤痛,艺术就绝不会存在:

作用的原因——人的脆弱性才是让我们建立了那么多美好的原因,例如弹奏鲁特琴。

——《思想录》,第329条

也许我们可以在帕斯卡的这句话中读出讽刺意味,就是从中看到人的虚荣。人哪,为了娱乐用心去掌握一种再普通不过的乐器,然而真正重要的东西却在别处。当我们思考这件事的时候,我们的存在毫无意义,它永远存在于追逐最极致的满足的过程中,这样"迷失"在生命中确实有妙不可言之处。在这个地球上,我们思考着自身可能是完全绝望、某种恐惧、疲惫不堪的原因。我们被"丢"在这个地球上，仿佛被流放了一样。但我们不必放弃，我们知道如何衡量己之所是和自己可以成为的，我们牢记人类生命中拥有不断寻求超越虚无的独特能力。即使对帕斯卡来说"自我是可恨的"，骄傲和虚荣可能令人厌恶并导致最糟糕的情况出现，但是我们仍然可以承认人是可敬的：人有能力不断跨越自己的处境，在不否认生命的同时超越自己的局限，反而能从生命中汲取超越自身的能量，寻找所有可能的策略让自己的生命留下痕迹，那是抵抗遗忘的虚无的标记。

我们的极限，正是我们的创造性出发的起点。如此一来，一方面，面对死亡，我们的孩子作为我们的一部分，通过他们的生命、所受的教育和从我们这里继承的姓氏，能够让我们的生命永远延续下去。另一方面，面对最具革命性的科技发明、最辉煌的科学发现、最果敢的政治斗争、最具创新性的艺术创作，我们愿意去庆祝人们获得杰出的成就，强调我们对创作、对通过新鲜事物和超越时间而坚持下去的不懈渴望。让我们永远铭记每个时代的古腾堡们、牛顿们、克里孟梭们或普鲁斯特们，心中牢记他们如何接受疑惑和苦难，他们如何随时准备与自己、与那个时代的习俗或制度做斗争，并从中看到他们如何无条件地为生命辩护。

核心问题

1. 你是否需要依靠无法辩驳的确定性才能存在？你是否能够对你认为的"自然"或"正常"的价值概念进行反思？你是否能够接受在这些主题上，理性有一定的局限性，并且愿意谨慎思考，去理解所谓的"自然"可能只是"文化"的产物？

2. 世界可能只是一场梦，这个说法是否让你不安？你有没有思考过梦想和现实之间的界限？你更愿意避开这些反思，还是愿意对眼前所见、惊人的奥秘保持惊奇并去思考这些问题？

3. 你能接受你的判断不总是保持中立、公平的吗？当你必须评价一个人、一个情形或当你被问到目前的喜好的时候，你有没有想过利益（认可、升职、物质家产等）的重要性？你可以从中汲取关于你自己和他人的哪些教训？你现在能够在每个人都疯狂掩盖真相的冲突面前微微一笑吗？

4. 想一想在无限面前智力的局限，这对你来说是混乱或绝望的原因吗？这样的发现是否标志着你永远失败，还是标志着你找到了自身创造力和发明精神的觉醒时刻，并在遗忘的虚无里留下痕迹？

分享的恩典

我们有时在内心深处所感受到的深渊似的虚空，会转化为对于幸福不间断的追求。如果我们的内在中有无限，我们真的去追忆所预想的幸福人生，那有可能是因为我们缺乏某些失去的东西、我们希望寻回的东西，而且只有无限的存在——神，才能给予我们。理性或许可以承认这样的想法，并让位于被神圣恩典照亮的"心"。

我们是"被罢黜的国王"

我们内心或许都悄然期待被满足，达到最大限度的满足，仿佛我们所有欲望都达到满足的顶峰。而在等候抵达的过程中，我们渴望着，我们能够从渴望中，从我们为此勉强自己付出更多努力、迫使自己运用更多能力、激励自己更多发现自我的才能中获得真实的快乐。总是追求更高的目标，全然是我们对自己的尊重。然而，如果我们总是想要更多，就会在达到我们作为目标的完满前遇到数不清的麻烦。我们会觉得完满的目标仿佛来自另一个维度，是超越了我们这些简单的存在的东西。我们对于幸福的渴望有时候看起来确实与我们目前所拥有的生活不相称，以至于我们可能认为这样的渴望超越了我们目前的生活范围。除了总是渴望获得更多的社会认同或身边亲友的爱之外，我们内心深处还会对超越生活的东西抱有希望，这种希望或许可以解释我们最根本的不稳定性。

因此，如果欲望是欢喜的同义词，我们有时就会觉得自己的存在有点局促，仿佛置身于无法找到自己位置的泡沫中，仿佛置身于别处，同时渴望着某种我们曾被剥夺并悄悄地怀念着的东西。"欲望"这个词的词源不正表明了这一点吗？Desiderare[1]指的就是"停止凝视一颗星宿、一颗星星"这件事。有时候，人生中的困难，起起伏伏，也证明了这种怀念之情：

> 人的伟大。——人的伟大是如此显而易见，甚至在他

---

[1] 渴望，即欲望的动词形式的拉丁文。——译者注

的可悲中也可以看得出来。因为，在动物身上是天性的东西，我在人身上则称之为可悲；由此我们便可以认识到：人原本有更美好的、唯有人才拥有的天性，如今却堕落成拥有与动物一样的天性。因为，除了被罢黜的国王，有谁还会觉得不做国王很不幸？

——《思想录》，第409条

不会寻找我们完全不知道的东西

从我们的脐带被剪断开始，我们就开启了寻找内心中某样东西之旅。我们能感受到它，而我们的欲望只会通过错误的方式将它表达出来。我们逃避虚空，一如躲避在习俗中，被迫在职业上提升自己，总是努力获得更多人的赞美，让别人因为想象给我们的职位加上光环而钦佩我们。但是，现在我们知道，思想能够让我们从另一个角度看待事物，以另一种方式靠近我们内在的虚无。我们也知道这样的事情，举例来说：老练可以让我们了解自己的欲望、激情和喜好延伸的范围；老练告诉我们幻想比真实更好，公道就在于我们承认自己对一切一无所知。但老练的人的理性和经验，正如所有智者的理性和经验一样，可以让他明白最重要的东西在别处，幻想并非目的本身。我们所有人脑中都有关于存在的理由的疑问，我们可以感受到答案触手可及。我们不会寻找自己完全不知道的东西，如果科学和理性主义哲学都不能为我们提供答案，那么我们也非常确信怀疑主义有其局限性，即怀疑一切这件事本身：

本能、理性。——我们无力去证明，独断论也无能为力。我们对于真理都有自己的想法，怀疑论也无法击败我们。

——《思想录》，第395条

去寻找自己完全不知道的东西似乎是不可能的，因此我们欲望的最高目标肯定深深地埋藏在我们的内心中。我们蒙着双眼开始人生之旅，但或许我们等待着某些超越一切的事情，那些几乎不能描述的东西，最终被揭开谜底。对帕斯卡来说，所有产生消遣的欲望都隐藏了对于启示的基本渴望。它们表明了更高层次的需求，表达了我们被向上提升去接近位于存在的垂直方向上，同时也在我们每个人内心中的真理的需求。事实上，我们内心最深处都会渴望超越时间去触摸到永恒。

无限的虚空只能由无限来填满

第二部。人没有信仰就无法知道真正的美好，也无法认识公道。——人人都在寻找幸福，这一点无人例外；无论人们采取的手段是如何不同，他们全都趋向这个目标。让某些人参与到战争中并使另一些人不参与到战争中的，就是这个欲望。这样的欲望双方都有，但各自抱以不同的观点。意志只会朝着这个目的前进，除此以外寸步难行；这也是所有人，甚至包括那些自杀的人采取每一个行动的动机。

然而，经过如此悠长的岁月之后，从不曾有一个没有信仰的人抵达至人人都在不断瞄准的目标。所有人都在抱怨：君主、臣民，贵族、平民，老人、年轻人；强者、弱者，智者、愚者，健康的人、病人；不分国家，不分时代，不分年龄和境遇……

那么，这种渴求和无能为力向我们大声呼唤的是什么？如果不是人类一度拥有过一种真正的幸福，而这样的幸福现在只剩下了完全空洞的标志和痕迹，人类徒劳无益地试图用周围的一切来填补它，在并不存在的事物之中寻找在实存中无法获得的支持。然而这一切都是做不到的，因为无限的深渊只能由无限的、不变的对象——上帝本身所填充。

——《思想录》，第425条

对帕斯卡来说就是如此，所有的一切都可以解释为对永恒的追求，而对永恒的追求，不是任何别的东西，就是对上帝的追求。值得庆幸的是，我们的生活充满了愉悦和快乐。例如，看到孩子茁壮成长而感到无比自豪；靠着自己的能力终于住上了梦想中的乡间小别墅；或者，想到能够进行一次美好的旅行、探索这个世界而感到幸福。只是，无论我们对于幸福的想象是什么，没有任何东西能够填满我们内心无限的虚空，除了无限本身以外。

帕斯卡是一位基督教哲学家，他在无限高于我们的存在中看到了填补我们内心深不可测的深渊的方案；而且我们在别处寻找、投身于一切可能的冒险之中，都毫无用处，没有什么能比得上我们与上帝的关系。我们所有人都注定被囚于欲望之中，因为我们必须消遣。我们也知道，不是所有的消遣都具有同样的价值，我们可以把赌注押在自己身上，借此成长；向新奇事物敞开我们的生命；难道不正是留意日常生活中的这些小片刻，接受生活的小诙谐，我们才得以驱散习惯性的灰暗，带来一点创新吗？但对于我们的哲学家来说，我们对于幸福的渴望只能在完美本身之中——在一种我们试图找到而事先却不曾知道那就是无限本身的完美之中才能找到满足，我们在生活中为自己设定的目标都在表面上表达了我们在秘密寻找某种皈依，试图达到与自己和谐共处的最终状态。

人的疯狂，信仰的证据？

前文已经指出，我们的许多态度、反应以及所有那些让我们躁动的矛盾都有着让人难以理解的特点。我们时刻在变化，充满"对立"。我们需要记住，这样的状态未必是负面的，因为我们可以利用这些对立面。但我们必须承认：当我们看到同一个人从一个极端变成另一个极端，从一张迷人的脸变成一张彻底对立的脸，从一个可敬的人瞬间变成一个可怕的怪物的时候，这个过程还是令人惊讶的！然而，我们若从宗教的角度看待这些变化，一切就不足为奇了。我们身上确实有哲基尔博士和海德先生[1]，永远存在着天使与野兽的

---

[1] 出自英国作家罗伯特·路易斯·史蒂文森的小说《化身博士》，这部小说讲述了绅士亨利·哲基尔喝了自己配制的药剂分裂出邪恶的海德先生人格的故事。——译者注

斗争，我们曾是天使，也可能成为野兽。最终，我们被赋予双重本性，因为罪恶而堕落，真正的本性被扭曲成了自私。人是"难以理解的怪物"，能够做最好的事，也能做最坏的事；同时谴责一件事和这件事的反面；从暴力或谋杀中，有人在某个角度看到好的一面，也有人在另一个角度看到可憎的一面。这些都是因为人根本就是迷失的，没有方向，在两个相对的力量之间被撕扯。

对于帕斯卡来说，只有非信徒才觉得人难以理解。只要我们明白在我们的内心中搅动的是什么，明白驱动我们的所有压力，一切就会变得非常清晰。民族之间以不同的真理之名而产生的对立，种类繁多且对立的意识形态之间的对战，所有这些动荡日复一日地搅动着我们的情绪和反应，生活中所有矛盾的复杂性，这一切都能在宗教中找到独特的解决方案，人的疯狂似乎奇怪地证实了这一点：

所有这些对立，看起来是最使我远离对宗教的认识的，却是最足以把我引向真正的宗教的东西。

——《思想录》，第424条

"心灵有其理由，那是理性根本不知道的"……

从这个角度来看，上帝把我们从存在的荒谬中解脱出来，给我们的人生赋予意义，为其设定一个方向，但没有彻底扫除疑惑和担忧。确实，信仰并不能让我们免于犹豫和质疑；成为信徒总是需要扪心自问，我们的意图或行动的本质是什么。一句话，与上帝的关系并非一马平川，一路上仍有许多疑惑和陷阱。

如果没有直觉介入到我们与上帝的关系中，这样的关系就什么都不是，因为我们更多地是去感受到上帝，而不是去解释上帝。心灵可以指一种意愿，从中我们可以了解一个人的个性或为何一个人的行事为人如此敏锐；再者，有那么多我们肯定或选择的事情，却无法证明其合理性或给出肯定选择的理由。一见钟情爱上某个人或突然喜欢上某个地方，其中的奥秘没有办法解释，那是心灵强加给我们的感受。但心灵首先是通过恩典，通过终极本源的介入，从自尊中释放出来的意愿。实际上，关于上帝，首先就是关乎心灵而不关乎理性的问题：

心灵有其理由，那是理性根本不知道的；我们可以从成千上万的事上知道这一点。我要说，心灵自然而然地爱着普遍的存在，并根据其所献身的对象自然而然地爱着自己；会根据自己的选择对其中一个或另一个保持强硬态度。你拒绝了其中一个，保留了另一个：你是因为理性而爱自己的吗？

——《思想录》，第277条

感受到上帝的是人心，而不是理性。这就是信仰：上帝是人的心灵可以感受到的，而非理性可以感受到的。

——《思想录》，第278条

正是因为心灵的介入，我们才能以新的眼光来判断事物，以不同的方式面对每一天发生的事情和状况，用不同的角度看待这个世界上正在发生的事情，看待所有报纸上的社会新闻和停不下来的意外情况报道。心灵让我们拥有超越理性、不把一切混为一谈、不把一切相对化的可能性，被恩典感化的虔诚信徒对帕斯卡来说比老练者更好，因为前者知道真正的正道在哪里。但前者缺乏常识，因为他的一切都被冠以上帝之名，这种痴迷让他毫无节制地冲破了已经建立的秩序和礼节。他成为神的话语的奴隶，用这些话谴责一切，没有任何辨别力。虔诚的信徒实际上失去了与现实的所有联系和拥有所有可能性的存在，因为他自以为要在人世建立上帝的国度，这样的错误让他更接近半老练的人。这就是为什么极端的虔诚会导致最糟糕的情况出现，带来最血腥的战争和最暴力的种族紧张局势。所有狂热分子都是这样的虔诚信徒，因为他们愿意做任何事情使人们屈服于不适合我们这个世界的宗教秩序。这样极端的信徒为上帝疯狂，甚至失去了理智，因为他们想不惜一切代价把一个天国框架套入我们这个不是为此而生的尘世中。因为人大体上还是会保持自己本来的面目，所以最好的做法是开导他们，让他们成长，保持清醒和谨慎；同时避免推倒一切，免得最终以灾难收场。而这一点，真正基督徒的内心非常明白，帕斯卡告诉我们：

作用的原因——等级。人民尊敬出身高贵的人，半老练的人藐视他们，说出身并不能代表一个人的优势，那只是偶然。但老练的人尊敬他们，并不是根据人们的想法，而是根据背后的想法。热诚比知识更多的虔诚信徒鄙视他们，尽管考虑到他们受到老练的人的尊重，因为虔诚者以虔诚所赋予自己的新光明来评判他们。然而完美的基督徒以另一种更高级的光明而尊敬他们，这样，根据人们所拥有的光明就相继出现了从赞成到反对的各种意见。

——《思想录》，第337条

一些恩典的片刻……

恩典是内在的巨变，彻底的改变，不可逆的蜕变。若说"身体的秩序"是我们感官的秩序，那么它的堕落表现为性欲；"精神的秩序"涉及理性，经常被过度的好奇心破坏；"心灵的秩序"就是爱和仁慈，是与我们最深的本性的重逢、自我和虚荣消失之后的喜悦，是对改变生活及与他人的关系再一次的肯定。

恩典永远存在于世界之中，也在自然之中，以一种在某种程度上很自然的方式存在。

——《思想录》，第521条

我们当然可以怀疑与上帝的这种特权关系，对这种以无法解释为定义的信仰漠不关心，但有谁从未在某个时刻经历过恩典呢？让我们打赌，我们有时会为了看到自己最深沉的本性的流露而脱离自己。我们可以想象这些让我们脱离自我的时刻：自愿帮助街头不认识的人，以担任志愿者的形式让一些机构因为我们的知识或经验而受益，委身于法国或其他地方的组织或协会。我们也会在对美丽风景近乎神秘的瞻仰中，在重新找回的原始纯真的本性中，在用新眼光看待再普通不过的日常场景时发出惊讶的"太妙了！"的叫声中发现这些时刻。所有恋人都很熟悉这些场景，这些恩典时刻让我们振奋，让我们轻松，在片刻之间让我们重新看到我们与改变了面貌的生活之间的约定。这些时刻让我们绽放出令人惊讶的笑容，释放出打破惯常的磁场，让我们充满热情，这样的热情会震撼充满骄傲、每个人都很警惕、布满不信任的世界；这些时刻远离了被存在恐吓的敬虔者的撕裂和有限，在我们内心流淌出生命本身丰沛且醇厚的水流。

关键问题

1. 你是否有时会觉得生活在狭隘的空间里，似乎希望某些东西来打破这样的局面？你是否会怀念一个你可能经历过但不太能够清楚定义的状态？这样的感觉会让你感到悲伤、沮丧，还是恰恰相反，促使你寻求更多？这样的感觉会让你停滞不前，还是会让你更加感受到生命的珍贵，像一场你必须解开谜团的游戏？

2. 战争、屠杀、野蛮，所有这些是否永远标志着世界和人类的荒谬？我们的自相矛盾是否不可理解？或者我们可以想象这种对于逻辑的挑战恰好可以解决非理性的事情？问问你自己：人类的非理性、疯狂难道不正矛盾地证明了一个超越我们的存在——上帝吗？

3. 你经历过恩典时刻吗？壮丽的风景之美，一小段美妙的旋律，爱中疯狂的分享难道从未让你陶醉，让你置身于"别处"吗？这些状态是否在某种程度上标志着你与总不满足、习惯性沮丧的自己和解？

在十字路口

恩典时刻是安抚的时刻，是平静的时刻，是与自己和解的时刻。这些时候，我们可以想象从上帝而来持续的恩典在我们生命中产生了特别的冲击力。在我们人生的每一个时刻，实际上总是面临这样的选择：押注在上帝身上或选择仔细研究过后无法自证其说的无神论。对帕斯卡来说，这是完全不需要犹豫的选择，而且概率就摆在眼前，完全可以说服通情达理的人相信信仰的价值，并皈依宗教。

用新的眼光转化人生？

对立性。在已经证明了人的卑贱和伟大之后——现在就让人尊重自己的价值吧。让他热爱自己吧，因为在他身上有一种能够是以美好的天性；可是让他不要因此也爱自己身上的卑贱。让他鄙视自己吧，因为这种能力是虚空的；可是让他不要因此也鄙视这种天赋的能力。让他恨自己吧，让他爱自己吧：他的身上有这种认识真理、获得幸福的能力。

——《思想录》，第423条

帕斯卡这里谈论到的卑贱和伟大，我们每一天都在经历。我们时刻都在与自己抗争，花时间抵抗自己的懒散、自己的小恶习。我们的时间要么用在为自己庆祝上，要么用在指责自己所犯的恶上；要么鼓励自己，要么批评自己，因为我们应该或不应该做这样或那样的事情。确实，当我们任凭自己陷入疯狂的自大的游戏中时，最邪恶、最可悲的虚伪可能会占了上风，我们表现出了最糟糕的一面，不分享、操控他人，例如在团体中不接受任何反对意见和不同意见。有多少家庭因为其中一位成员的积怨、仇恨而分崩离析，他被自己的小心思引导，被自己持续的专横和小心眼的报复蒙蔽了双眼！这时，或许我们可以瞥见这一道微弱的光，这道光可以把我们带回到理性中，或者更确切地说把我们带回到心灵里；也可以让我们从吸引我们注意力的一切事物和活动中暂停一下，给我们自己一个机会，向这个对于帕斯卡来说非常珍贵的秩序的光敞开心扉。

我们倾向于忽略本质

对帕斯卡来说，最基本的问题是形而上的：如何在此时此地生活？这取决于灵魂是否不朽。虚空和死亡的问题在这里重新占据了非常重要的位置，我们必须仔细研究它们才能正确地选择要走的道路。人生充满了悲剧色彩，因为我们什么都不能留下，有时很难不笼罩在黑暗的想法中。在那些真正困难的时候，我们会忍不住希望一切"停止"，一劳永逸地沉入虚无之中。虚无无时无刻不在对我们虎视眈眈。在生命中的每个时刻，我们都站在两条路交叉的十字路口，要么相信最终一切都会结束，要么相信死后总会有一些东西存在。从此，押赌注的问题又出现了，论证的存在首先是为了让我们明白选择"十字架"的益处。

根据我们的选择，我们押注在死后的生命上，那是永恒的厄运或永远的幸福：

所以我们考察一下这一点，我们说："上帝存在，或不存在。"但我们偏向哪一边呢？在这当中，理性什么也无法决定，有一种无限的混沌把我们隔离开了。这里有一场赌博，在这个无限距离的极端，我们必须在正负间做出选择。你将赢得什么？根据理性，你既不得选择其中一个，也不能选择另一个；根据理性，你也不得不选择其中一个，也不得不选择另一个。所以，不要责备那些已经选择其中一个的人选错了！因为你也一无所知。

"不；我要谴责他们的不是选择了哪一个，而是做出了选择；因为无论选择这个或那个都犯了同样的错误，双方都是错的；正确的是根本就不赌。"

"是的，但我们不得不赌；这一点并不是自愿的，你已经上了船。所以你到底选哪一个？让我们看看吧。既然不得不进行选择，那么我们来看看对你比较无益的是哪个选择。你有两样东西可以输，即真与善；有两样东西可以成为赌注，即你的理性和意愿，你的知识和福祉；你的天性有两样东西要躲避，即错误和悲惨。既然必须要进行选择，那么选择一个而不选择另一个并不会对理性造成更大伤害。这一点已成定局。然而你的福祉呢？让我们权衡一下押注在上帝存在这一方的得失吧。让我们评估一下两种情况：如果你赢了，你就赢得了一切；如果你输了，你却什么都没有失去。因此，不必迟疑，赌上帝存在吧。"

"这个方法真了不起。是的，必须要下注，不过，也许我的赌注太大了。"

"让我们再看看。既然输赢机会相等，那么如果你用一生只赢得两次生命，你还是应该下注；但如果有三次生命可以赢得，那就非赌不可了（何况你本来就有必要非赌不可），而当你被迫不得不下注的时候，你却不肯冒险以生命去赢得一场一本三利而输赢机会相等的赌局，那就是你不够慎重了；更何况，这里有永恒的幸福生命。既是如此，在无限的机会中只要有一次对你有利，你就有理由押一以求得赢二；你既然不得不押注而又不肯以一生来赌一场押一赢三的赌博——其中在无限的机会中有一次是对你有利的，也许可以赢得幸福、永恒的生命——那么你就是头脑不清楚了。然而，这里确实有着一个无限幸福的永恒生命可以赢取。对于数目有限的输的机遇来说，确实有一个赢的机会，而你所押的注又是有限的。这就勾销了一切赌注：凡是无限存在的地方，凡是不存在无限输的可能性对赢的可能性的地方，就绝没有权衡的空间，必须孤注一掷。这样，当我们不得不押注的时候，必须放弃理性以求保全生命，而不是用生命冒险去赢得无限的赢局，那也可能是进入虚无的输局。

——《思想录》，第233条

帕斯卡的逻辑很简单：当我们押注押得对，我们就没有太多可失去的东西，仅仅是放弃小享受和消遣的大痛苦，押注在信仰之上。总体上，我们的赌注是非常小的，相较于无限而言几乎可以算为零。而理性如果非常抗拒，难以被说服，那我们就先练习逐渐放下困扰我们思想、依附于我们每天的生活中的这些小东西，包括建立自己的形象、不惜一切代价追求成功、跟上最新潮流，让我们转向宗教信仰、教义和信仰实践。这样我们就已经可以从中获益良多。

当然，每个人自己要仔细考虑赌局、赌注和奖金。但考虑到拥有的赌注，而且因为我们已经"上船"了，所以我们在人生中至少应该有一次向自己提问，质疑自己。然而，我们知道事实不经常如此，因为我们更愿意摆脱本质而专注于占据我们数小时、数天或数年的无用、空虚的活动。例如，我们更喜欢担心自己小小的名誉不佳，甚至到了为此而生病的地步；我们制造了一个言论总是被误解的世界，这些言论因为敏感而被放大，我们的脑中充满了这些言论就是侮辱之言的想法，即便它们本身可能并无冒犯之意。诚然，我们理应思考重要的本质问题，但我们更愿意在无用的事务及烦恼中迷失自我，就如那些避免思考自身状况的冷漠人一样。人本身的问题，在帕斯卡看来一点儿也不奇怪，他认为这不过是我们本性堕落的又一证据，无他，是唯本性的畸变，是一个只有信仰才能解开的谜题：

对一个人来说，没什么比他的状态更重要的了，没什么比永恒更令人生畏的了。所以，有些人对自己的存在和永恒悲惨的危险竟漠不关心，那就根本不是自然的。可他们在面对其他事情时态度截然不同：连最细微的事情他们都担心，做好准备，去感受；而同样是这个人，日日夜夜都在愤怒和恐惧中度过，只因担心失去某个职位或想象着别人对自己声誉的冒犯；同样是这个人，明知死亡会带走一切，却毫不担心，毫无感觉。同一个心灵，在同一个时间里，既对最微小的事情如此敏感，又对最重大的事情麻木不仁，这样的情况真是怪异极了！这是一种无法理解的玄妙，是一种超自然的迟钝，意味着是一种全能的力量造成了这种情况。

——《思想录》，第194条

无神论可能并不显而易见

人确实是好奇的动物。只要他挑战逻辑、价值的秩序和偏好的秩序，就是一个难以捉摸的存在。他一夜之间就会改变，执着于最细枝末节的事情同时忽略最重要的事，把最重要的问题搁置一边而去询问下次打折的日期或最新版平板电脑的发布日期。原则上，他对于灵魂的归宿采取逃避的态度，宁愿隐藏自己的疑虑并随意找借口取笑宗教。想想那些所有宗教派别的激进分子却是坚持道德教训的偏执信徒，他们的虚伪显示了宗教对我们的欺骗，他们打着上帝的旗号实行恐怖主义和屠杀，这样我们确实很容易对宗教失去兴趣。然而，用才能、精神和自由来反驳宗教却更难。当然，我们可以不跟从帕斯卡的选择，与他押不一样的赌注，选择无神论。但在我们的哲学家看来，那些指责拥有信仰的人只持有微乎其微的支持无神论的证据：

无神论者必须把事情完全说清楚，只是，灵魂是物质性的，这一点就是完全不清楚的。

——《思想录》，第221条

下面还有：

无神论者——他们有什么理由可以说我们不能复活？出生还是复活，从未有过的要有还是曾经有过的还要再有，哪一个更困难？习俗让我们觉得前者更容易，缺乏习俗让我们觉得后者不可能，这就是一般的判断方式！

——《思想录》，第222条

确实，为什么不反思一下我们自己确信的、不留余地的观点呢？为什么不告诉自己：宗教本身除了我们在偏见中所认为的会带来最糟糕的结果之外，难道不会带来好的结果吗？没有说得通的理由就指责，这样除了强化已经说出来的论点之外，不会带来任何好处；以至于对待宗教最仇视的态度于信徒而言，是在最严重的亵渎中看到受难的记号，在最大的冒犯中看到不能醒悟的挫败，在最可怕的指责中看到国王寻找所丢失的王位的愤怒。假设说，理性促使我们毫不犹豫地拒绝宗教狂热和为上帝疯狂的野蛮行径，理性也邀请我们在面对重要的精神层面的问题时保持谨慎，看到这些问题的复杂性，避免采取无神论者批评和嘲讽的姿态。当别人与我们谈论宗教话题时，我们需要逃避人类多疑的自我所采取的一贯侮辱的态度。如果说信仰被视为对生命的逃避，如同面对人生困难时的避难所，或不想承担任何风险的懦弱的选择，那么它同样也可以是根植于生命的深沉而坚定的表达，对抗一切不公的形式的表达，以道德原则、民众需求、强烈抗议之名进行光荣斗争的证明。因此，真正的独创性、最真诚的颠覆在我们这个时代，或许就存在于坚定的信念中，存在于冒险牺牲被过度消费标准化的生命的意愿中，存在于冒险看待别人的新眼光中——那不同于混乱的个人主义以现实理由看待别人的眼光。

灵性经历

至此，我们仍然可以选择继续像往常一样生活，或者走另一条路，过另一种人生。要么我们什么都不改变，要么我们在某种消遣之外找到无意义存在的一个出口。帕斯卡他自己，没有真正拥有过选择。在1654年发生的一件事彻底地改变了他的生活。某件事情发生了，他"遇到了上帝"，光明之火点燃了他,他在《回忆录》(Le Mémorial)中记录下了这个神秘的经历。这个经历被记录在一张纸上,人们于他死后在他的西装里面发现了这张纸,文章是这样开头的:

火,
亚伯拉罕的神,以撒的神,雅各的神,不是哲学家和学者的神。
确信。确信。感情。喜悦。和平。

《思想录》整部巨作都在强调皈依和信仰无法比拟的本质,因为皈依和信仰赋予死亡之后以意义和永恒幸福的希望。皈依不是别的,恰恰是在上帝的启示和爱中改变生命方向的事实，与理性推理、神学思辨或其他相去甚远：

从认识上帝到爱上帝的距离是多么遥远啊！

——《思想录》，第280条

皈依宗教应该是一种不可撤销的选择，是人生从自我迷失、彻底烦乱的死胡同走向了康庄大道。帕斯卡说，只有恩典才能填满我们的虚空，治疗我们极深的不满足，这与他所属的冉森教派(janséniste)信念一致。所以，愿每个人都能够以更清晰的方式实践自己的判断，并且在未得到上天光照的情况下，从现在开始就让自己通过阅读这位伟大的哲学家的思想而敢于尝试。

生平

介绍

布莱兹·帕斯卡，1623年出生于克莱蒙费朗（Clermont-Ferrand）。他的父亲是一名医生，他的母亲在他年仅三岁时去世。他是一位非常早熟的天才，很早就在科学界崭露头角：十一岁就发表了一篇关于声音的论文，次年发现了欧几里得的第三十二命题，在1642年发明了加法器——一台计算器，其模型今天仍在巴黎艺术与工艺博物馆展出。他延续意大利人托里切利的研究，在真空方面的工作让他成为大气压的发现者。帕斯卡在进行科学研究的同时，也经常去了解"世界"，在梅黑骑士[1]的指导下了解何为绅士的"诚实"。但从1646年开始，他通过阅读天主教冉森教派的大本营皇港修道院的作品，对宗教的兴趣越发浓厚。他的父亲于1651年去世，妹妹杰奎琳于次年公开声明自己的信仰并加入皇港修道院。

1654年，他与社交名流开始保持距离，并停止一切社交活动。在一次马车事故中，他奇迹般地逃生，这成了改变他的生命的标志性事件。同一年的

1　Antoine Gombaud，安托万·龚波，法国作家，帕斯卡同时代人。——译者注

11月23日夜晚,是"火"之夜,恩典的时刻,启示的经历。1655年,轮到他选择进入皇港修道院,并开始创作一些作品,包括以假名(路易·德·蒙塔尔特)出版的《致外省人信札》。在这本书中,他严厉地批评了耶稣会士的决疑论。他们用一些"小心思"对天主教的教义和道德做了一些妥协,这在他看来严重歪曲了天主教,从宗教的角度来看是有罪的。至于《思想录》的写作,始于1657年并持续到他生命的尽头仍未完成。与此同时,在他所拥有的科学知识、哲学阅读以及他作为"世界人"的过往经历的滋养中，帕斯卡继续创作各种作品；同时，参与抗议对皇港修道院的逼迫无果，最终于1661年冉森教派被路易十四当局定罪。

帕斯卡于1662年在妹妹杰奎琳去世几个月之后也与世长辞。人们在他家中发现了一些后来编撰成《思想录》的文稿片段。《思想录》就其内容和语言的艺术性而言，是一部独特而权威的巨作，初版于1670年。

阅读指南

《思想录》

唯有本书浓缩了帕斯卡思想的所有主题，恢弘，不容错过。

《致外省人信札》

本书聚焦于冉森教派和耶稣会士之间的辩论，那是一场来自另一个时代的战斗，但对于读者来说是令人欢欣的作品，读者能够从中发现帕斯卡是个文学天才，他的修辞艺术轻松、幽默，并充满了尖锐的讽刺。

《论说服的艺术》

也可称为"辩论的艺术"……我们如何接受一个想法或让别人接受一个想法？这本书被视为一本以十分优秀的心理分析为基础的小指南。

《伟大条件下的三种话语》

以尊重及在社会中如何以最好的方式去尊重为主题的短文。非常有启发性，非常实用！

评论

皮埃尔·马尼亚尔,《帕斯卡护教学中的自然和历史》(巴黎,美好文字出版社,1975年出版)。

本书由著名专家撰写,能够让我们更好地理解帕斯卡哲学的主题。

文森·卡罗,《帕斯卡和哲学》(巴黎,法国大学出版社,1992年出版)。

讨论帕斯卡与哲学和神学的关系,对帕斯卡的不同层面进行不同程度的诠释,引人入胜。

埃里克·罗默 (Eric Rohmer) 的电影《在莫德家的一夜》(1969年)。

电影里有些关于帕斯卡的赌注应用在日常生活中的场景,值得一看或再看。

图书在版编目(CIP)数据

与帕斯卡一起反脆弱性/(法)弗雷德里克·阿卢什著;郑园园译.—上海:上海三联书店,2023.5
ISBN 978-7-5426-8068-6

Ⅰ.①与… Ⅱ.①弗…②郑… Ⅲ.①帕斯卡(Pascal, Blaise 1623-1662)-哲学思想 Ⅳ.① B565.23

中国国家版本馆CIP数据核字(2023)第068127号

Grandir avec Pascal © 2014, Editions Eyrolles, Paris, France.
This Simplified Chinese edition is published by arrangement with Editions Eyrolles, Paris, France, through DAKAI - L'AGENCE.

著作权合同登记 图字:09-2023-0016

与帕斯卡一起反脆弱性

著　　者 [法]弗雷德里克·阿卢什
译　　者 郑园园
总 策 划 李　娟
策划编辑 李文彬
责任编辑 宋寅悦
营销编辑 陶　琳
装帧设计 潘振宇
封面插画 潘若霓
监　　制 姚　军
责任校对 王凌霄

出版发行 上海三联书店
（200030）中国上海市漕溪北路331号A座6楼
邮　　箱 sdxsanlian@sina.com
邮购电话 021-22895540
印　　刷 北京盛通印刷股份有限公司

版　　次 2023年5月第1版
印　　次 2023年5月第1次印刷
开　　本 787mm×1092mm 1/32
字　　数 104千字
印　　张 6.5
书　　号 ISBN 978-7-5426-8068-6/B·838
定　　价 56.00元

敬启读者,如发现本书有印装质量问题,请与印刷厂联系15901363985

人啊,认识你自己!